OS PODERES DE JESUS CRISTO

Edição primeira: 1983 - 44 edições lançadas.

Reescrito e ampliado: maio 2010

Capa: Andrey Lamberty.

T814p Trevisan Lauro

Os poderes de Jesus Cristo / Lauro Trevisan – edição reescrita e ampliada - Santa Maria : Editora da Mente, 2014

320p.

ISBN 978-85-7151-042-5

1. Religião 2. Autoajuda 3. Psicologia-Motivação I. Título

CDU 2:159.9

EDITORA DA MENTE

Editora e Distribuidora da Mente
Caixa postal 559 ˘ cep:97015-663
Santa Maria, RS, Brasil
Fone: (0xx55)3223.0202
Fax: (0xx55) 32217184.
E-mail: mente@editoradamente.com.br

Autor:laurotr@uol.com.br

Site:www.editoradamente.com.br

LAURO TREVISAN

Os poderes de Jesus Cristo

44ª Edição

Editora e Distribuidora da Mente
Santa Maria – RS – Brasil

Venha!

"Vinde a mim
vós todos."
Jesus

Há cerca de dois mil anos, surgiu, neste planeta, um personagem estranho, misterioso, maravilhoso, fascinante e poderoso, cuja réstia de luz e de poder continua arrastando e empolgando multidões sem fim.

Que força estranha tem esse personagem, de nome Jesus, a ponto de conduzir a vida de milhões de pessoas, incendiando corações, iluminando mentes, abrasando oradores, produzindo curas, realizando milagres a uma distância que se perde no tempo?

Pois, foi esse Ser extraordinário que me inspirou esta obra e a escrevi tomado de fascínio, de emoção e de alegria.

SIGA AS PEGADAS DELE

Não sei qual é a sua coloração religiosa ou espiritual.

Não sei se você um dia percebeu no seu caminho as pegadas dele.

Não sei que ideia você faz de Jesus.

Não sei que rosto tem o Nazareno para você.

Sei, no entanto, que você é pessoa inteligente, bem-intencionada, sincera consigo mesma.

Sei que você anda à procura da felicidade, do verdadeiro caminho, da verdade e da vida.

Muito bem.

Ele disse que era o caminho, a verdade e a vida.

Venha conhecê-lo.

Um novo mundo se abrirá aos seus olhos e você contemplará o milagre da Luz na sua mente.

Não acredita?

Venha.

Você é contra ?

Venha.

Você nunca se ligou no que disseram a respeito de Jesus?

Venha.

Este é um livro para você. Especialmente para você.

Para você, crente, descrente, negativo, cético, desiludido, ateu, religioso, positivo, entusiasta.

Para você, que se empolga pelas ciências ocultas, pelas ciências da mente, pelos caminhos da parapsicologia e pelos fenômenos das forças espirituais.

Venha trilhar essa via diferente, só por hoje, você que passa a vida debruçado nos volumes de economia, de marketing e de finanças.

Venha.

Venha você, que está desanimado, triste, deprimido, abatido.

Venha.

Venha você, que está atolado na miséria.

Venha.

Venha você, que está doente.

Venha.

DEIXE QUE O MILAGRE ACONTEÇA

Não importa se você acredita em milagres ou não.

Esta é a sua hora de entrar em contato com o Ser mais estupendo que já pisou este mundo.

Desde o momento em que ele iniciou a sua caminhada milagrosa, nunca mais sua Luz se apagou, nunca mais sua energia arrefeceu, nunca mais seus poderes declinaram.

Aquilo que as multidões conseguiram, ao vivo, há dois mil anos, ele garantiu que você pode conseguir hoje.

"Vinde a mim vós todos
que vos achais sobrecarregados
e oprimidos, que eu vos aliviarei".

As palavras que ele proferiu, há tantos séculos, permanecem vivas, como fonte inesgotável. Todas as gerações de todos os tempos poderão beber dessa água. A fonte é a mesma, mas cada época tem a sua água própria. É por isso que você vai encontrar hoje, aqui, agora, a palavra certa de Jesus para os seus medos, problemas, dificuldades e sofrimentos.

Você terá o seu próprio milagre. Acredite.

As palavras do Mestre nunca perdem a sua atualidade e o seu poder:

"Passarão o céu e a terra,
mas minhas palavras não passarão".

Agora comece a percorrer os caminhos da Galileia, da Judeia, da Samaria, da Palestina toda; entre em contato com Jesus às margens do Lago de Genezaré e sobre os montes. Ao término dessa caminhada, você sentirá dentro de si a boa nova do reino dos céus brilhando na sua mente.

E festejará o seu próprio milagre de amor, de paz e de saúde.

Não perca tempo.

Comece.

CAPÍTULO 1

CHEGOU A ERA DE JESUS

"Abrirei em parábolas
a minha boca, farei dela sair
com ímpeto coisas escondidas
desde a criação do mundo". (Mt 13, 35).

Embora a presença histórica de Jesus tenha acontecido há cerca de dois mil anos, ainda hoje é considerado o maior curador, o maior profeta, o maior vidente, o maior telepata, o maior sensitivo, o maior Mestre, o maior sábio, o maior influenciador das massas, o maior avatar. E, para os cristãos, mais do que tudo isso, ele é o Filho de Deus.

Continua atraindo multidões. Suas palavras continuam produzindo prodígios. Sua presença continua realizando milagres. Sua luz continua sendo o caminho. Sua imagem continua arrastando o povo.

Não adianta querer confiná-lo ao primeiro século da nossa era. Não adianta. Ele está aqui. Agora. Ele estará de novo amanhã, depois de amanhã, no ano que vem. Sempre.

Jesus, o maior fenômeno da nossa História.

Impossível fazê-lo permanecer fixado no ano um. Impossível.

Suas palavras, suas afirmações, vão penetrando os séculos e são capazes de refletir sempre a luz adequada para cada época.

À medida que a humanidade mais evolui no campo da mente, do espírito, das chamadas ciências ocultas e do conhecimento das leis universais, melhor entenderá a mensagem de Jesus.

"E chegando-se a ele os discípulos, lhe disseram: Por que razão lhes falas em parábolas?

Ele, respondendo, disse: "Porque eles, vendo, não veem; ouvindo, não ouvem nem entendem..."(Lc 8,10).

"A fim de que se cumprisse o que estava anunciado pelo profeta, que diz: Abrirei em parábolas a minha boca, farei dela sair com ímpeto coisas escondidas desde a criação do mundo". (Mt 13, 35).

Percebeu você que ele afirmou revelar coisas escondidas desde a criação do mundo? E nós, que achamos que meros sermões moralísticos são a palavra do Mestre?!

Em outra ocasião, disse ele aos discípulos:

"Eu tenho ainda muitas coisas a vos dizer, mas vós não as podeis compreender agora. (Jo 16, 12).

Ele tinha conhecimento de todas as Leis e princípios universais, segundo os quais o ser humano pode atingir a sua grandeza e dignidade divinas, mas a humanidade não estava preparada para receber "muitas coisas". E ainda continua com dificuldades sérias para entender afirmações revolucionárias como essa:

"Quanto ao poder,
quem tem fé tudo pode". (Mt 17,14-1).

Embora não tivesse explicado mais claramente os princípios e Leis, ensinou, no entanto, o homem a utilizá-los em seu benefício.

De nada adiantaria, por exemplo, alguém inventar a geladeira numa época em que a energia elétrica não tinha sido ainda descoberta.

Mas, o fato de só agora a ciência começar a encontrar, em Jesus, as Leis que respaldavam os seus conhecimentos, isto já revela a veracidade da própria existência histórica do Cristo.

É uma prova de que Jesus realmente existiu e de que seus biógrafos relataram o que viram e ouviram, justamente por não saberem a causa dos fenômenos, que somente agora começam a ser analisados em termos mais científicos.

Quanto mais a ciência progredir no campo espiritual e no âmbito das chamadas ciências ocultas, mais clara aparecerá aos olhos de todos a mensagem sábia e correta de Jesus.

QUEM ERA JESUS

Públio Lêntulo, nobre romano da tradicional família dos Lêntulos, era ocupante de alto cargo na Judeia, no tempo de Jesus, segundo se diz. Impressionado com a personalidade de Jesus, escreveu uma carta ao Senado Romano, na qual constava o seguinte:

"No momento em que vos escrevo, existe aqui um homem de singular virtude que se chama Jesus. Os bárbaros o têm em conta de profeta, mas os seus sectários o adoram como filho dos deuses imortais. Ressuscita os mortos e cura os enfermos, falando-lhes e tocando-lhes.

É de estatura elevada e bem conformada, de aspecto ingênuo e venerável. Seus cabelos de uma cor indefinível caem-lhe em anéis até abaixo das orelhas e espalham-se pelos ombros com uma graça infinita, trazendo-os ele à moda dos Nazarenos. Tem fronte larga, espaçosa, e as faces coloridas de amável rubor. O nariz e a boca, de uma admirável regularidade. A barba, da mesma cor dos cabelos, desce-lhe espessa até o peito, bipartida à semelhança de forquilha. Os olhos brilhantes, claros e pequenos. Prega com majestade, e suas exortações são cheias de brandura. Fala com muita eloquência e gravidade. Ninguém jamais o viu rir; muitos, porém, o têm visto chorar, não poucas vezes. É sobretudo sábio, moderado e modesto, um homem, enfim, que, por suas divinas perfeições, se eleva acima dos filhos dos homens".

Seria verdadeira esta carta?

Na verdade, é de se supor que o Mestre transmitia uma personalidade física impressionante, surgindo diante das pessoas com uma grandeza admirável.

Seu rosto sereno e profundo, os olhos brilhantes de uma misteriosa luz interior, a barba de profeta, o nariz bem feito, os lábios largos, as mãos irradiando força magnética, gestos decididos e majestosos...

O corpo um tanto magro, de intensa energia física, passos seguros e calmos...

Túnica bonita, sandálias rústicas, caminhar firme...

Quem o visse pela primeira vez ficava empolgado com a sua presença cativante, seu modo de ser envolvente, a fisionomia formada por uma tessitura misteriosa que expressava paz, solenidade, simplicidade, seriedade, bondade e firmeza.

Seu porte ereto era cativante.

Seguro de si, sentia-se acima das manipulações dos inimigos.

Jamais deixou-se intimidar e sempre teve consciência de sua missão.

Por isso, transmitia poder e força interior.

A PERSONALIDADE PSÍQUICA

São inúmeros os quadros, afrescos, pinturas e estátuas que representam o Mestre com uma fisionomia triste, amargurada, sofrida, o que não pode significar a realidade. Até mesmo a carta de Públio Lêntulo o via dessa maneira.

Uma personalidade completa, acabada, profunda, como a de Jesus, jamais poderia deixar-se cair no negativismo, na amargura e na decepção. Se isso tivesse acontecido, seria a prova do próprio reconhecimento do fracasso, da impotência e da incapacidade de mudar os destinos sofridos do ser humano.

Mas, na verdade, não houve uma pessoa no mundo que mais tenha acreditado na força da sua mensagem, no poder criador da sua palavra, na capacidade divina de realizar o milagre da transformação do mundo, do que Jesus. E apregoava, com a força da sua convicção e a certeza da sua origem:

Eu sou o Caminho,
a Verdade e a Vida." (Jo 14,6).

Poderia alguém proclamar essa mensagem, não sendo mais que caminho obstruído, verdade sem luz, vida frustrada?

Não!

Desde o momento em que assumiu a sua missão, seu coração transbordou, sua mente se iluminou, seu olhar brilhou, sua voz vibrou e seu corpo começou a resplandecer.

Não queiram tirar a grandeza e a sublime elevação espiritual de Jesus, fazendo-o um sofredor derrotado.

Ele tinha a segurança dos que estão no caminho certo.

Ele tinha a paz dos que caminham de braços abertos.

Ele tinha a certeza de que a divindade, inerente em si, teria a força infinita e milagrosa capaz de mudar a vida humana.

A mesquinhez, a incompreensão, a dureza de certos ouvintes, as maquinações dos inimigos, a inveja dos frustrados, nunca abalam um homem seguro de si, maduro espiritualmente, de visão futura, de grandeza e poder interiores.

Jesus era assim.

Quando uma pessoa acredita na sua mensagem, e se empolga por ela, não sente os espinhos e caminha sobre pedras, envolto na luz da própria missão, curtindo a empolgação do seu ideal, ardendo no prazer do próprio entusiasmo.

Assim era o Mestre.

Imperturbável, sereno, confiante, alegre, calmo, firme.

Seu humor não estava à mercê dos outros e nem dos acontecimentos.

"O reino dos céus está
dentro de vós mesmos".

Jesus tinha o dom de entender as pessoas, porque lia os seus pensamentos.

Sua face traduzia enlevo, ternura, bondade e a firmeza do profeta.

Seu equilíbrio era evidente: não se deixava arrastar nem por arroubos populares e nem pelos desmandos dos opositores.

"Porque todo o povo estava fascinado das suas palavras". (Lc 19,48).

"É um pecador". (Jo 8,24).

Sorria complacente diante da pequenez humana. Tinha pena.

Sua mente era liberta e límpida como a das crianças.

"Se não vos tornardes como as crianças não entrareis no reino dos céus."

De coração simples, espírito paternal, misericordioso, compassivo. Era uma pessoa realmente cativante. As multidões o seguiam até mesmo passando fome.

Ele tinha o dom de empolgar.

Sua inteligência era superior e de clareza infinita, capaz de não confundir princípios eternos com hábitos, tabus, interesses particulares, costumes religiosos, política.

Era tão claro, que ofuscava as mentes mal-intencionadas.

Os críticos nunca o abalaram, porque ele sabia que a Verdade era a força suprema universal, contra a qual todas as rochas se desmantelariam.

Jesus, o grande Mestre. O grande Homem. O divino. O irresistível. O maravilhoso.

O QUE DIZIA JESUS DE SI MESMO

Muitas afirmações fez Jesus sobre si mesmo:

"Eu sou manso e humilde de coração." (Mt 11,30).

"Eu sou a ressurreição e a vida." (Jo 11,17-37).

"Eu sou a luz do mundo." (Jo 8,12).
"Eu sou a porta." (Jo 10, 7).
"Eu sou o bom pastor." (Jo 10, 11).

"E aqui está quem é mais do que Salomão. E eis que aqui está quem é mais do que Jonas." (Lc 11, 29-32).

"Eu sou o Caminho, a Verdade e a Vida." (Jo 14,6).

"Um só é vosso guia: Cristo." (Mt 23,10).

"É como dizes, eu sou rei!" (Jo 18,37).

"Vós me chamais Mestre e Senhor, e dizeis bem; porque eu o sou." (Jo 13, 13).

"Eu e o Pai somos um." (Jo 10,30).

Jesus via-se, pois, como uma pessoa boa, humilde, simples, calma, misericordiosa, compassiva, que, investida de poder divino, pela união com o Pai, era, ao mesmo tempo, o Cristo, o Filho de Deus, o Guia, a Porta, o Caminho, a Verdade, a Vida, a Fonte da saúde, o Mestre e Senhor, a Luz, o Rei, o maior do que Abraão, maior do que João Batista, maior do que Jonas, maior do que Salomão.

Quando se refere ao Pai, diz:

"Tudo me foi entregue por meu Pai; ninguém conhece o Filho senão o Pai e ninguém conhece o Pai senão o Filho e aquele a quem o Filho quiser revelar." (Mt 11, 27).

"Quem vê a mim, vê o Pai." (Jo 14,9).

"As obras que eu opero, meu Pai as opera em

mim." (Jo 14,10-11).

Jesus se diz uno com o Pai, que é o Poder Infinito, a Divindade, a Sabedoria Infinita, o Deus-nele.

"Eu e o Pai somos um." (Jo 10,30).

Seu eu era unidade indissolúvel com a Verdade, a Sabedoria, o Poder, o Amor, por isso o fascínio, a grande repercussão e a credibilidade da sua missão para o estabelecimento de uma nova humanidade, que ele chamava de reino dos céus.

"O Reino dos céus está próximo". (Mt 3,1)

CAPÍTULO 2

FENÔMENOS QUE MARCARAM O APARECIMENTO DE JESUS

"Não temais; eis que vos anuncio
uma grande alegria,
que caberá a todo povo:
é que vos nasceu hoje,
na cidade de Davi,
o Salvador, que é o Cristo e Senhor".
(Lc 2,8-20).

O surgimento de Jesus foi cercado de vários fenômenos estranhos e admiráveis. Parecia que o universo todo estava tomando conhecimento do fato e avisando ao mundo. Mais do que isso, o universo estava participando do evento, que seria marcante na história da humanidade.

João Batista, o precursor de Jesus, nasceu, segundo o evangelista Lucas, de um casal de idade avançada, cuja esposa Isabel era estéril.

Apareceu um anjo a Zacarias e disse-lhe: "Não temas, Zacarias; foi ouvida a tua oração. Tua esposa Isabel te dará um filho, a quem porás o nome de João. Encher-te-ás de gozo e regozijo, e muitos hão de alegrar-se com seu nascimento; porque será grande diante do Senhor. Não beberá vinho e nem bebida inebriante, e, desde o seio de sua mãe, será repleto do espírito santo; converterá ao Senhor, seu Deus, muitos dos filhos de Israel; e seguirá adiante dele no espírito e na virtude de Elias para despertar nos filhos o espírito dos pais e reconduzir os rebeldes aos sentimentos dos justos, a fim de preparar ao Senhor um povo dócil."

Disse Zacarias ao anjo: "Por onde me certificarei disto? Pois, sou velho e minha mulher avançada em anos."

Respondeu-lhe o anjo: "Eu sou Gabriel, que assisto diante de Deus, e fui enviado para falar-te e dar-te esta boa nova. Mas, como não deste crédito às minhas palavras, que a seu tempo hão de cumprir-se – eis que ficarás mudo e sem poder falar até que isto se realize." (Lc 1,5-25).

E continua contando o biógrafo que

Zacarias ficou mudo naquele momento.

Lucas foi o único evangelista que narrou esse fato.

Prossegue o escritor sagrado:

"No sexto mês, foi o anjo Gabriel enviado por Deus a uma cidade da Galileia, chamada Nazaré, a uma virgem desposada com um varão por nome José, da casa de Davi.

O nome da virgem era Maria.

Entrou o anjo onde ela estava e disse: "Eu te saúdo, cheia de graça; o Senhor é contigo."

A estas palavras assustou-se ela e refletiu o que significaria essa saudação.

Disse-lhe o anjo: "Não temas, Maria, pois achaste graça diante de Deus. Eis que conceberás e darás à luz um filho, a quem porás o nome de Jesus. Será grande e chamado Filho do Altíssimo; Deus. o Senhor, lhe dará o trono de seu pai Davi; reinará eternamente sobre a casa de Jacó e o seu reino não terá fim."

Disse, ainda, o anjo a Maria: *"Um sopro sagrado virá sobre ti e a potência do Altíssimo te fará sombra. Por isso, o que nascerá será chamado santo, Filho de Deus. Também tua parenta Isabel concebeu um filho em sua velhice e já está no sexto mês, ela, que passa por estéril, porque a Deus nada é impossível."*

Disse então Maria: "Eis aqui a serva do Senhor; faça-se em mim segundo a tua palavra."

E o anjo deixou-a." (Lc 1,26-38).

Maria, sabendo da gravidez de Isabel, foi visitá-la.

Ao ver Maria, disse Isabel, numa demonstração de clarividência:

"Bendita és tu entre as mulheres,
e bendito é o fruto do teu seio.

Em que mereci eu que viesse a mim a mãe de meu Senhor? Pois, logo que a tua saudação me soou ao ouvido, exultou de prazer o menino nas minhas entranhas.

Bem-aventurada quem acreditou
que se cumprirá o que lhe foi dito pelo Senhor!"
(Lc 1, 39-56).

POR OCASIÃO DO NASCIMENTO

Quando Jesus nasceu, aconteceram diversos fenômenos extraordinários.

Conforme conta Lucas, saiu um edito do imperador César Augusto para recensear todo o país, e todos os cidadãos foram inscrever-se, cada um na sua cidade-pátria.

José era de Belém, da casa de Davi, por

isso tomou, com sua esposa Maria, o caminho de Belém.

Maria estava para dar à luz.

É interessante anotar que a gravidez de Maria também se deu de forma estranha.

Veja o que conta Mateus:

"Antes de viver em companhia de José, Maria foi achada grávida de um espírito sagrado. Como, porém, José, seu esposo, fosse homem justo e não a quisesse expor à ignomínia, pensou em abandoná-la secretamente.

Enquanto assim deliberava, apareceu-lhe, em sonho, um anjo do Senhor e disse-lhe: "José, filho de Davi, não temas receber Maria, tua mulher; pois o que nela se gerou é de um espírito sagrado; dará à luz um filho, a quem porás o nome de Jesus, porque salvará o seu povo dos seus pecados". (Mt 1,18-25).

De acordo com este relato, Jesus nasceu de uma virgem, fecundada por um espírito sagrado.

Mas, vamos ao fato do nascimento de Jesus.

Chegados que foram José e Maria em Belém, não encontraram lugar na estalagem.

José e Maria se abrigaram numa gruta, de acordo com a narrativa de Lucas, o evangelista que mais relata sobre a infância de Jesus.

Ele relata assim:

"Quando aí se achavam, (em Belém), chegou o tempo em que ela devia dar à luz; e deu à luz a seu Filho primogênito; envolveu-o em faixas e reclinou-o em uma manjedoura; porque não havia lugar para eles na estalagem."

Já o evangelista Mateus diz que Jesus nasceu numa casa, ou, pelo menos, quando da visita dos magos estava numa casa:

"E eis que a estrela que tinham visto no oriente, seguia adiante deles, até que chegando sobre o lugar onde estava o menino, parou. Ao verem a estrela, foi grande a alegria que sentiram. Entraram na casa e viram o menino com Maria, sua mãe, e, prostrando-se, o homenagearam." (Mt 2,1-12).

Mas deixemos que Lucas continue sua narração, porque ele vai relatar um fenômeno extraordinário:

"Havia naquela mesma região uns pastores que passavam a noite em claro, guardando os seus rebanhos. De súbito, apareceu diante deles um anjo do Senhor e a glória de Deus cercou-os de clarida-

de. Tiveram grande medo.

O anjo, porém, lhes disse: "Não temais; eis que vos anuncio uma grande alegria, que caberá a todo povo: é que vos nasceu hoje, na cidade de Davi, o Salvador, que é o Cristo e Senhor. E isto vos servirá de sinal: encontrareis um menino envolto em faixas e deitado em uma manjedoura."

E logo associou-se ao anjo uma multidão da milícia celeste, que louvava a Deus, dizendo: "Glória a Deus nas alturas e paz na terra aos homens que ele ama."

Depois que os anjos se retiraram para o céu, disseram entre si os pastores: "Vamos até Belém e vejamos o que aconteceu, o que acaba de anunciar-nos o Senhor."

Foram a toda pressa e acharam Maria e José, e o menino deitado numa manjedoura. À vista disso, contaram o que lhes fora dito acerca deste Menino; e todos os que os ouviam ficavam maravilhados com as palavras dos pastores". (Lc2,8-20).

Pela descrição, o fenômeno narrado por Lucas foi o aparecimento de um anjo, anunciando aos pastores o nascimento de Jesus e, depois, uma multidão de anjos a cantarem nos céus.

Outro fenômeno digno de nota foi a vinda de reis magos do oriente, guiados por uma estrela.

Mateus conta assim:

"Tendo Jesus nascido em Belém, na Judeia, no tempo do rei Herodes, eis que vieram uns magos do Oriente a Jerusalém, perguntando: "Onde está o rei dos judeus, recém-nascido? Com efeito, vimos a sua estrela no Oriente e viemos homenageá-lo." (Mt 2, 1-12).

Por estudos astrológicos e escritos de ancestrais, esses magos chegaram à conclusão de que tinha nascido um rei, o rei dos judeus. Mas não sabiam identificar exatamente onde. Foram os estudiosos da Bíblia, em Jerusalém, que, analisando as profecias, determinaram Belém como o local do nascimento do Messias, pois o profeta assim dissera séculos antes:

"E tu, Belém, terra de Judá, de modo algum és a menor entre os clãs de Judá, pois de ti sairá um que será o guia que apascentará Israel, o meu povo."

Os magos foram a Belém e encontraram Jesus. Depois, receberam aviso em sonho para que não voltassem a Jerusalém, porque Herodes estava mal-intencionado, mas tomassem outro caminho de retorno.

MENSAGENS EM SONHOS

Outro fenômeno marcante, foi o aparecimento, em sonho, de um anjo a José mandando-o fugir para o Egito a fim de livrar-se de Herodes, que pretendia matar o menino, julgando-o uma ameaça à sua coroa.

Você viu, por diversas vezes, avisos serem dados através de sonhos.

Quando você dorme, seu subconsciente fica mais vigilante que nunca e se você abre os canais da comunicação interior, o anjo da Sabedoria Infinita pode revelar algo importante para você, principalmente no que diz respeito à preservação da vida.

OS VIDENTES E JESUS

Dois videntes, ao verem Jesus-criança, em Jerusalém, no templo, reconheceram nele o Messias.

Um foi Simeão, já de idade avançada. Quando tomou Jesus nos braços, no templo, exclamou:

"Agora, Senhor, despede em paz o teu servo, segundo a tua palavra, porque os meus olhos contemplam o teu Salvador, que suscitaste ante a face de todos os povos: para os gentios uma luz iluminadora, para o teu povo Israel uma glória." (Lc 2, 21-38).

Também uma profetisa, de idade avançada, chamada Ana, que servia no templo, ao ver Jesus glorificou a Deus e falou dele a todos os que esperavam a redenção do povo. (Lc 2, 21-38).

SABEDORIA PRECOCE DE JESUS

Aos doze anos de idade, Jesus foi encontrado no templo de Jerusalém, discutindo com os Doutores da Lei e assombrando-os com os seus conhecimentos sobre as sagradas escrituras.

Maria e José, que procuravam Jesus há quatro dias, ao encontrarem o menino, exclamaram:

"Filho, por que nos fizeste isto? Eis que teu pai e eu andávamos à tua procura cheios de aflição!"

Respondeu-lhes ele: "Por que me procuráveis? Não sabíeis que tenho de estar naquilo que é de meu Pai".

Eles, porém, não atinaram com o sentido destas palavras." (Lc 2, 41-52).

Vê-se que, desde pequeno, Jesus vivia em comunhão com o Pai, fonte da sua sabedoria, do seu poder e da sua divindade.

Ainda antes de entrar na sua vida pública, João Batista o reconheceu, quando Jesus foi receber o mergulho do batismo:

"Eu é que devo ser mergulhado por ti – e tu vens a mim?" (Mt 3,14)

O ESPÍRITO SANTO GERA O CRISTO?

Enquanto Jesus orava e recebia o mergulho, diz Lucas que se abriu o céu, e o Espírito Santo desceu sobre ele em forma corpórea como uma pomba, e uma voz veio do céu:

"Tu és o meu Filho bem-amado; eu, hoje, te gerei!" (Lc 3, 21-22).

Merece especial atenção essa mensagem que veio do céu no momento em que Jesus, por assim dizer, começava a sua vida pública:

"Tu és o meu Filho bem-amado; eu, hoje, te gerei!"

Realmente, houve tantos fenômenos e acontecimentos extraordinários cercando a vida de Jesus, desde o nascimento até sua entrada na missão propriamente dita, que somos levados facilmente a admitir, daqui para frente, a presença de um Grande Ser, cuja mensagem e prodígios haveriam de sacudir o mundo.

CAPÍTULO 3

AS FONTES DOS PODERES DE JESUS

"Repousa sobre mim o Espírito do Senhor;
ungiu-me para anunciar a boa-nova
aos pobres; enviou-me para pregar
a liberdade aos cativos,
dar aos cegos a luz dos olhos,
levar aos oprimidos a liberdade;
para apregoar o ano salutar do Senhor." (Lc 4, 16-21).

É indiscutível que Jesus foi o maior místico e o mais poderoso ser de todos os tempos. É fora de dúvida que ninguém, neste planeta, exerceu, com maior grandeza, tantos poderes naturais e sobrenaturais.

De onde se originaria esse poder?

Já nas profecias do Antigo Testamento, o Messias, que haveria de vir, era previsto como detentor de todos os poderes terrenos e sobrenaturais.

Ele haveria de realizar o milagre da harmonização do universo.

Profetizou Isaias:

"Naquele dia,um ramo sairá da árvore de Jessé, uma flor, de suas raízes. Sobre ele repousará o Espírito do Senhor, Espírito de sabedoria e de discernimento, Espírito de conselho e de força, Espírito de conhecimento e de temor de Deus.

Ele não julgará segundo o que seus olhos veem, nem se pronunciará segundo o que ouvem seus ouvidos; julgará os pequenos com equidade, julgará os pobres da terra com toda a justiça.

Como um bastão, sua palavra ferirá a terra; o sopro dos seus lábios fará morrer o mau. A justiça será o cinto das suas ilhargas, a fidelidade, a cintura dos seus rins.

O lobo e o cordeiro habitarão juntos e o leopardo deitar-se-á ao lado do cabrito; o bezerro e o leãozinho pastarão juntos e um menino os poderá tanger; a vaca e o urso comerão na mesma pastagem e juntos repousarão os seus filhotes; o leão comerá palha como o boi. A criancinha de peito brincará na cova da serpente e no covil das víboras a criança porá a mão.

Não causarão mal nem dano algum em todo o meu santo monte, porque o conhecimento do Se-

nhor encherá a terra, como as águas enchem o mar.

Naquele dia, a Raiz de Jessé erguer-se-á como o sinal dos povos.

Será procurada pelas nações e sua habitação será gloriosa".

Ao realizar um dos primeiros atos de sua vida pública, Jesus entrou na sinagoga de Nazaré, onde se criara, e levantou-se para ler. Era dia de sábado e entregaram-lhe o livro do profeta Isaías. Desenrolou e deu com a seguinte passagem:

"Repousa sobre mim o Espírito do Senhor; ungiu-me para anunciar a boa-nova aos pobres; enviou-me para pregar a liberdade aos cativos, dar aos cegos a luz dos olhos, levar aos oprimidos a liberdade; para apregoar o ano salutar do Senhor". (Lc 4, 16-21).

Jesus, a seguir, enrolou o volume, entregou-o ao ministro e sentou-se. Ao começar a falar, disse aos ouvintes:

"Hoje se cumpriu a passagem da Escritura que acabais de ouvir". (Lc 4,16-21).

O PODER DO PAI ATUANDO EM JESUS

Ao longo dos ensinamentos do Mestre, entramos em contato com três pessoas ou personagens: o Pai; o Filho Jesus, também chamado o Filho do homem; e o Espírito Santo, ou Espírito Paráclito.

- E vós – perguntou Jesus aos seus discípulos – quem dizeis que eu sou?

Respondeu Simão Pedro:

- Tu és o Cristo, o Filho de Deus vivo!

Tornou-lhe Jesus:

- Bem-aventurado és, Simão, filho de Jonas, porque não foi a carne e o sangue que te revelou, mas meu Pai que está nos céus". (Mt 16,13-20).

Há, pelo menos, cinco razões para se acreditar que Jesus era o Filho de Deus: Em primeiro lugar, porque ele mesmo o afirmara; em segundo lugar, pelas obras milagrosas que operava em nome do Pai; em terceiro lugar, porque se cumpriu nele o que os profetas e as escrituras sagradas falaram sobre o Messias; em quarto lugar, porque o Pai o revelou; em quinto lugar, porque muitos do seu tempo o afirmaram.

JESUS SE DIZ FILHO DE DEUS

Os judeus queriam apedrejar Jesus porque se dizia Filho de Deus.

O Mestre, então, lhes falou assim, conforme conta João:

"Não está escrito na vossa lei: Disse eu: Vós sois deuses? Ora, se a escritura chama deuses àqueles a quem foi dirigida a palavra de Deus – e a escritura não pode falhar – por que dizeis àquele que o Pai santificou e enviou ao mundo: Blasfemas! Porque eu vos disse: Sou o Filho de Deus? Se não faço as obras do meu Pai, não me deis crédito; mas, se as faço, e não quiserdes crer em mim, crede nas obras para que vejais e conheçais que o Pai está em mim e eu no Pai". (Jo 10, 34-38).

Em outro momento, João põe na boca de Jesus mais esta afirmação:

"Mas, quem me glorifica é meu Pai, que vós chamais vosso Deus, sem o conhecerdes". (Jo 8 48-59).

Quando Jesus foi preso, levaram-no à presença do sumo-sacerdote Caifaz. Depois de ouvir algumas acusações, Caifaz perguntou:

- Conjuro-te pelo Deus vivo que nos digas se és o Cristo, o Filho de Deus!

Respondeu-lhe Jesus:

- É como disseste! (Mt 26,57-68).

Tanto Marcos como Lucas citam esse mesmo fato.

Segundo Marcos, a resposta de Jesus é ainda mais direta:

"Sim, eu o sou!" (Mc 14, 53-65).

Muitas vezes Jesus falava do Pai. Ora, quem fala do Pai coloca-se como filho.

"Se não faço as obras de meu Pai, não me deis crédito; mas, se as faço e não quiserdes ter fé em mim, tende fé nas obras para que vejais e conheçais que o Pai está em mim e eu no Pai."

"Eu e o Pai somos um". (Jo 10, 22-39).

"Não conheceis a mim e nem a meu Pai; se me conhecêsseis a mim, também conheceríeis a meu Pai". (Jo 8, 12-20).

No colóquio com a samaritana, disse ela:

"Sei que virá o Messias, que é chamado o Cristo; e, quando vier, anunciar-nos-á todas as coisas". Disse-lhe Jesus: "Sou eu, que estou falando contigo". (Jo 4,7-26).

O PAI O REVELA COMO FILHO

Conta o evangelista Lucas:

"Tendo o povo recebido o batismo e, no momento em que Jesus, também batizado, achava-se em oração, o céu se abriu e o Espírito Santo desceu sobre ele em forma corporal, como pomba. E do céu veio uma voz: "Tu és meu filho bem-amado; eu, hoje, te gerei!" (Lc 3, 21-22).

Marcos, Mateus e João também narram essa cena ocorrida no início da vida pública de Jesus.

Outra circunstância em que o Pai falou foi quando da transfiguração de Jesus.

"Tomando consigo Pedro, Tiago e João, irmão deste, conduziu-os de parte a um monte elevado e transfigurou-se diante deles. Seu rosto resplandecia como sol.

Pedro estava extasiado e queria fazer três tendas para ali ficarem. Estava ainda falando, quando uma nuvem luminosa os envolveu, e de dentro da nuvem ecoou uma voz: "Este é meu filho amado, em quem pus a minha complacência; ouvi-o!" (Mt 17, 1-9).

O TESTEMUNHO DE OUTROS

João Batista, precursor do Messias, assim falou ao ver Jesus aproximar-se dele:

"Eis o Cordeiro de Deus que tira o pecado do mundo. Este é de quem eu dizia: Após mim vem um que é maior que eu; porque existia antes de mim. Não o conhecia eu; mas, para o tornar conhecido em Israel é que vim com o mergulho d'água".

Mais ainda testificou João:

"Vi o espírito descer do céu, em forma de pomba, e permanecer sobre ele. Não o conhecia eu; mas, quem me mandou mergulhar na água disse-me: Sobre quem vires descer e permanecer o espírito, esse é que me mergulha no Espírito Santo. Eu o vi: e dou testemunho de que este é o Filho de Deus". (Jo 1, 29-34).

Você leu, antes, que Pedro afirmou que Jesus era "o Filho de Deus vivo".

Conta Lucas sobre Jesus:

"Ao pôr do sol, todos lhe levaram os seus enfermos atacados de diversas moléstias. Jesus punha as mãos sobre cada um deles e curava-os. Muitos havia que saíam demônios, bradando: "Tu és o Filho de Deus!"

Ele, porém, os ameaçava e não lhes permitia dizerem que sabiam ser ele o Cristo". (Lc 4, 40-41).

O evangelista João narra que Jesus ia partir para a Galileia, quando se lhe deparou Filipe; e disse-lhe:

"Segue-me!"

"Era Filipe natural de Betsaida, pátria de André e de Pedro.

Filipe encontrou Natanael e disse-lhe:

- Acabamos de encontrar aquele de quem escreveram Moisés, na lei, e os profetas: Jesus de Nazaré, filho de José.

Respondeu-lhe Natanael:

- Poderá sair coisa boa de Nazaré?

- Vem e vê – disse Filipe.

Vendo Jesus chegar a Natanael, observou a respeito dele:

- Eis aí um israelita de verdade, do qual não há falso.

- Donde é que me conheces? – perguntou Natanael.

Tornou-lhe Jesus:

- Antes que Filipe te chamasse, te via eu debaixo da figueira.

- Mestre! – exclamou Natanael – tu és o Filho de Deus; tu és o Rei de Israel". (Jo 1, 43-51).

Quando Lázaro, de Betânia, estava muito mal, suas irmãs Marta e Maria pediram a Jesus que viesse ver seu amigo. Jesus demorou-se alguns dias e ao chegar em Betânia soube que Lázaro tinha morrido há quatro dias.

- Senhor – disse Marta a Jesus – se estiveras aqui, não teria morrido meu irmão. Mas agora também sei que Deus te concederá tudo o que lhe pedires.

Respondeu-lhe Jesus:

- Teu irmão ressurgirá.

- Bem sei – tornou Marta – que ressurgirá na ressurreição do último dia.

Disse-lhe Jesus:

- Eu sou a ressurreição e a vida; quem tem fé em mim, viverá, ainda que tenha morrido; e todo aquele que em vida tem fé em mim não morrerá

eternamente. Tens fé nisto?

- Sim, Senhor – respondeu-lhe ela – eu tenho fé em que tu és o Cristo, o Filho de Deus, que devia vir ao mundo". (Jo 11, 17-37).

Mateus conta que na hora em que Jesus morreu, na cruz, deu um grande brado e entregou o espírito.

"E eis que o véu do templo se rasgou em duas partes de alto a baixo, tremeu a terra, partiram-se os rochedos, abriram-se os sepulcros e muitos corpos de santos, que tinham adormecido, ressurgiram. Saíram das suas sepulturas, depois da ressurreição dele, foram à cidade e apareceram a muitos.

Quando o comandante da guarda romana e os que com ele faziam guarda a Jesus perceberam os terremotos e os demais acontecimentos, sentiramse tomados de grande terror e diziam: "Em verdade, este era o Filho de Deus!" (Mt 27, 45-56).

O evangelista João concluiu o seu evangelho também declarando que Jesus é o Filho de Deus:

"Ainda muitos outros milagres fez Jesus aos olhos dos seus discípulos, que não se acham escritos neste livro. Estes, porém, foram escritos para

que vós creiais que Jesus é o Cristo, o Filho de Deus, e para que, mediante a fé, tenhais a vida em seu nome". (Jo 20, 29-31).

Mateus conta que, certo dia, Jesus, que estava às margens do lago da Galileia, mandou que os discípulos embarcassem e atravessassem o lago. Era pela noitinha.

Jesus ficou para despedir o povo e depois retirou-se para orar.

O barco dos discípulos estava sofrendo vento contrário e fortes ondas.

Por volta das três horas da madrugada foi Jesus ter com eles, caminhando sobre as águas.

Inicialmente, os discípulos se assustaram, pensando que fosse um fantasma.

Jesus os acalmou. Pedro, entusiasmado, pediu para ir sobre as águas até aonde se encontrava o Rabi.

- Vem – disse-lhe Jesus.

Pedro saltou do barco e caminhou sobre as águas até o momento em que se assustou do perigo e começou a submergir. Jesus o apanhou.

Embarcaram. Cessou o vento.

"Os que estavam no barco
vieram lançar-se aos pés de Jesus,

dizendo:
"Tu és, realmente,
o Filho de Deus!"
(Mt 14,22-33).

OUTRA FONTE DE PODER: O CONHECIMENTO DOS PRINCÍPIOS UNIVERSAIS

"Quem é este que até
os ventos e o mar lhe obedecem?"
(Mc 4,41)

Na verdade, o conhecimento das Leis e princípios universais davam a Jesus condições de dominá-los e usá-los para seus propósitos.

Quem conhece a causa e o princípio da energia saberá produzir e usar a energia.

Thomas Alva Edison descobriu os princípios da eletricidade e conseguiu aproveitar a energia elétrica para a iluminação e para a geração de força.

Quando os cientistas descobrem a causa de alguma doença, logo conseguem produzir a cura.

Jesus, sem dúvida, dominava as forças da natureza e as energias físicas, mentais e espirituais.

"Quem é este que até os ventos e o mar lhe obedecem?" – exclamaram os outros, quando Jesus acalmou a tempestade.

A FONTE NATURAL DO PODER

De onde emanava essa força estupenda que curava qualquer doença instantaneamente? De onde nascia esse poder capaz de dominar as forças da natureza?

Por que a palavra de Jesus tinha o poder irresistível de causar a realidade do seu próprio conteúdo? Se ele dizia para o mar acalmar-se, o mar se acalmava; se mandava os peixes se reunirem para a pesca milagrosa, os peixes se reuniam; se determinava a cura de qualquer doença, a cura se processava; se ordenava a multiplicação dos pães e dos peixes, se multiplicavam; se mandava o espírito retornar ao corpo de uma pessoa morta, o espírito retornava... O poder da palavra!

Seria apenas um poder divino que compete ao Filho de Deus, por ser filho de Deus? Ou havia nele também o segredo da sabedoria humana?

O PODER DA FÉ

Jesus, não só foi a pessoa que mais e melhor dominou as forças humanas, naturais e sobrenaturais, como foi quem melhor ensinou o ser humano a utilizar esse poder em seu próprio benefício e dos outros.

A essa energia poderosa, capaz de remover montanhas e de curar toda espécie de doença, ele deu o nome de fé.

Este é o mais fantástico explosivo interior.

Se, com a descoberta da pólvora, do TNT, da energia atômica, nuclear, o mundo se modificou, com a descoberta e conhecimento da fé a humanidade deixa para trás a história da pedra-lascada-mental e entra na sua grande era, no seu apogeu, no seu momento culminante.

O mundo se dividiu, para nós, em duas eras: antes de Jesus e depois de Jesus. Estamos dois milênios depois de Cristo. Mas, depois de Cristo, a humanidade se divide novamente em duas eras: antes da descoberta da fé e depois da descoberta da fé.

A fé foi a maior e mais inacreditável revelação do Cristo. Se ele não tivesse afirmado essa verdade reiteradamente, talvez ninguém pusesse atenção em suas palavras sobre a existência de poder ilimitado em toda criatura humana. Disse ele com todas as letras que a fé remove montanhas, produz milagres, cura enfermidades, tudo alcança e torna possível o impossível. Só acreditam nessas afirmações as pessoas simples como as crianças e as pessoas sábias. As inteligências medíocres não chegam lá. Mas, poderão chegar, essa é a expectativa.

Cada vez que a ciência encontra caminhos de força e poder mentais inexplicáveis, vai desembocar naquilo a que Jesus chamou de fé.

A sugestão, o hipnotismo, a cura através da mente, o milagre, e tantas outras manifestações sobrenaturais, têm como explosivo energético a força a que Jesus deu o nome de fé.

O QUE SERIA A FÉ

"Fé – segundo Jesus – é crer firmemente na realização da sua palavra". (Mc 11,20-26).

Quando uma pessoa acredita que a sua palavra produz a realidade do seu conteúdo, está usando a Lei da Fé.

"Seja o que for que desejardes, quando orardes crede que obtê-lo-eis e alcançareis". (Mc 11,24) e (Jo 16,16-24).

Esta é a grande lei revolucionária. Tão simples quanto poderosa.

Aqui, por incrível que pareça, está a fonte do poder de toda criatura humana.

A fé é todo-poderosa.

"Estes sinais acompanharão aos que têm fé: Em meu nome expulsarão demônios, falarão línguas novas, suspenderão serpentes e, se beberem algo mortífero, não lhes fará mal; porão as mãos sobre os doentes, e eles serão curados". (Mc 16, 17-18).

Em outra ocasião, disse Jesus:

"Se tiverdes fé, como um grão de mostarda, e disserdes a esta amoreira desarraiga-te e transplanta-te para o mar – obedecer-vos-á". (Lc 17, 1-8).

Jesus não revelou o princípio da Lei da Fé. Apenas usou-a e ensinou a humanidade a usá-la. Mais tarde, quando a humanidade entrasse em contato com o Espírito da Verdade, descobriria a essência dessa lei.

Para Jesus, a fé era o reconhecimento do seu próprio Poder.

Fé e poder eram unívocos em Jesus.

Mas ele ensinou as pessoas a usarem esse poder para alcançarem todos os benefícios que desejassem.

A FÉ É A FONTE DO PODER DA MENTE

A definição mais perfeita e completa do poder da mente foi dada por Jesus:

"Tudo o que pedirdes ao Pai,
em estado de oração,crendo que
haveis de alcançar, alcançareis".
(Mc 11, 24) e (Jo 16,16-24).

Somente uma pessoa que conhece profundamente todas as Leis da mente e do poder interior poderia formular uma afirmação tão completa, verdadeira e científica como essa feita pelo Mestre.

Vejamos o sentido de cada palavra.

TUDO – Realmente, quem sabe usar o Poder Divino, imanente em si, não encontrará nenhuma barreira, nenhum obstáculo. Todas as montanhas ruirão diante da força da fé e, consequentemente, tudo será alcançado por quem usar o poder interior.

O que significa TUDO?

TUDO significa *TUDO* mesmo.

E ponha na sua cabeça que Jesus não se dava exageros. Cada palavra das afirmações do Mestre tem a dimensão do conteúdo total e absoluto da própria palavra.

Dentro da palavra TUDO, portanto, você encontrará saúde, cura, alegria, paz, felicidade, bondade, casamento, paciência, casa, emprego, viagem, amor, energia, força, tolerância, riqueza, dinheiro, carro, geladeira, calma, sucesso, boa vontade, coragem, segurança interior, superação de medos e traumas, domínio dos complexos, firmeza, luz interior, cura do câncer, cura da paralisia, alívio mental e físico, domínio da natureza, poder sobre os animais, sobre a matéria, sobre as plantas, força curadora, domínio da dor, beleza, emagrecimento, libertação de vícios e hábitos nocivos, regeneração de células, redenção espiritual, e mais, e mais, e mais, e mais.

É por isso que a redescoberta dessa Lei da Fé colocará o ser humano na sua verdadeira órbita, no seu legítimo paraíso terrestre.

Se todos têm poder de alcançar o que desejarem e se aprenderem a usar esse poder, e se o usarem, os males que hoje mais afligem a humanidade não terão razão de existir.

Pelo uso do poder revelado por Jesus, desaparecerá a inveja, porque você pode alcançar o que vê de bom e saudável nos outros; desaparecerá o ódio, porque ninguém conseguirá prejudicar você; desaparecerá a miséria e a pobreza, porque a Lei do Pedi e Recebereis é a Lei da Opulência; desaparecerá a solidão, porque o amor será a essência da sua vida; enfim, você alcançará o Bem e será feliz.

QUE PEDIRDES – Eis aí um aspecto muito importante: é preciso pedir. Deus não pode se manifestar em você a não ser que você o peça, pois, se assim não fosse, estaria destruindo a liberdade humana.

Tudo o que você deseja – existe. O que você deseja já lhe pertence.

Invoque a Sabedoria Infinita para que os seus desejos sejam positivos e benéficos. Não tenha medo de pedir. No fundo, é o próprio Deus que suscita os desejos bons do seu coração; portanto, peça, peça, peça. Deus só está esperando que você peça para atender. Deus criou esse imenso mundo maravilhoso e grandioso para que, entre outras coisas, você saiba que os seus pedidos são um grão de areia na dimensão do universo.

O seu pensamento acreditado já é o seu pedido. É por isso que dizem os mestres da mente que todo pensamento acreditado e persistente sempre acontece. A maneira pela qual você se comunica com o Poder Divino é através do seu pensamento. Esse é o veículo que aciona o explosivo da fé; esse é o caminho que leva ao Pai, ao Poder Divino.

ORAÇÃO. Orar é pensar. Orar é expressar o seu pensamento. Orar é dizer o que vai no seu íntimo; orar é manifestar o que você quer que aconteça na sua vida interior e exterior. Orar é a forma de contato e comunhão com Deus e seu poder.

Recorde a lei ensinada por Jesus nesses termos: PEDI E RECEBEREIS.

AO PAI – No âmago do subconsciente de cada pessoa habita o Pai, o Poder Divino, que se revela quando o canal que leva até ele está desobstruído.

Você aprendeu, desde pequeno, que é templo de Deus, quer dizer, Deus é em você.

Jesus dizia: "Eu e o Pai somos um". Aí estava a fonte inesgotável do seu poder.

"As obras que eu opero, meu Pai as opera em mim."

Jesus era uma comunhão perfeita com o Pai, por isso a sua fé era a certeza do seu poder.

Quando você entra em comunhão com o Pai, que é em você, então você está ligado na fonte do Poder. Sua palavra terá força criadora.

Quem vê Deus dentro de si faz existir Deus dentro de si.

Quem vê Deus dentro de si liga a sua mente em Deus e aciona as Forças todo-poderosas da divindade.

Deus está no secreto do ser humano.

Disse Jesus:

"E tu, quando orares, entra no teu secreto e ora a teu Pai que está no secreto; e teu Pai, que vê o oculto, te há de recompensar.". (Mt 6,6).

O Pai está no íntimo da sua mente.

Quando você quer se ligar de forma efetiva e profunda ao Pai, entre no profundo do seu ser.

Como você entrará no secreto, ou seja, no seu íntimo?

EM ESTADO DE ORAÇÃO – A ligação com o Pai é feita, de modo todo especial, quando a pessoa está em estado de oração. Jesus era um permanente estado de oração; além disso, muito frequentemente se retirava para o monte, para as margens do lago da Galileia ou para o Jardim das Oliveiras a fim de orar.

Este é o segredo do poder.

Quanto mais você estiver em comunhão com a Fonte do Poder, mais verá manar de si a corrente e o fluxo poderosos que realizam o milagre. Estado de oração é o mesmo que nível Alfa, para usar terminologia mais atual.

Você alcança o estado de oração, ou nível Alfa, através da meditação, da calma, do relax, da oração.

Uma música calma, clássica, repousante, suave, ajuda bastante você a descer ao estado de oração. O ruído da natureza, como o farfalhar das árvores, o borbulhar das águas, o cantarolar da chuva, o vaivém do mar, o zumbido dos ventos, é altamente repousante e favorece a meditação. Jesus preferia orar à noite junto ao farfalhar das árvores, no Jardim das Oliveiras, ou junto ao mar de Genezaré, ao embalo das ondas, ou no alto dos montes, sentindo o perpassar da brisa e do vento.

Quando você se concentra, já está em estado de oração. Neste caso, o cérebro pulsa numa média de 14 ciclos por segundo.

Quando está em estado de oração, sua mente está liberta de maldades e negativismos. Você está em estado elevado. A mente, espiritualizada, entra em comunhão com todo o universo e em harmonia com a matéria, com as plantas, com os animais e com todos os seres humanos. Abrem-se as comportas dos níveis interiores de telepatia, clarividência, poder curador. Neste estado, você entra em contato com o Pai.

Se você sente dificuldade de conseguir chegar a esse nível, faça um relaxamento de todo o corpo. Converse mentalmente com cada parte do corpo, a partir da cabeça ou dos pés, e diga para cada parte do organismo relaxar, soltar-se, aliviar as tensões. Este ritual leva você ao estado de oração. Então, faça o seu pedido, visualize o que deseja ardentemente, grave fundo no subconsciente. O Pai, que está no secreto, de onde nasce a sua oração, atenderá.

CRENDO QUE HAVEIS DE ALCANÇAR – Sim, é preciso acreditar que a sua palavra tem o poder criador. Mantenha o seu pensamento unívoco. Nada de dúvidas nem de medos e nem de descrença, porque é isso que desliga e destrói a sua Força Interior.

Quando você pede e acredita que, pelo fato de pedir, vai alcançar, isso é fé e a fé é a Força todo-poderosa, que tudo consegue.

Assim como você nunca duvida que, tomando água, matará a sede, da mesma forma acredite sempre que o seu pensamento, a sua oração, a sua palavra, cria a realidade do seu conteúdo.

Tudo o que você pede com fé – alcança.

ALCANÇAREIS – Aí está o resultado infalível. Se cumprir os requisitos anteriores, a sua oração nunca pode falhar.

Esta é uma verdade de valor incalculável. Se a humanidade se desse conta da dimensão deste enunciado de Jesus, o mundo seria diferente.

Já pensou você nesta afirmação do Mestre?

- Se fosse verdade tudo isso – diria, talvez, você – cada pessoa pode ter o mundo para si e ser a pessoa que deseja ser.

Pois é exatamente assim. Jesus não colocou nenhuma condicionante e nem limitou o tamanho e o tipo de pedido. Tudo você alcança. Tudo você alcança. Tudo mesmo. Basta pedir ao Pai, no interior do seu ser, com fé, isto é, crendo que vai alcançar.

Nisto consiste a lei do "Pedi e Recebereis."

CAPÍTULO 4

A MANIFESTAÇÃO DOS PODERES DE JESUS

"Pasmava a gente e
glorificava o Deus de Israel,
ao ver que os mudos falavam,
os aleijados recobravam saúde,
os coxos andavam e os cegos viam".
(Mt 15, 29-39).

Até os trinta anos de idade, talvez se possa dizer que Jesus era apenas Jesus, esta personalidade humana que caracteriza sua presença normal junto aos seus e no seu ambiente de vida.

Pouco ou nada se sabe dos seus estudos, da sua iniciação, e até mesmo de possíveis viagens de aprofundamento, pois com toda a certeza o Filho do homem deve ter cultivado o mais elevado grau de conhecimentos humanos, espirituais e sobrenaturais.

Há escritores que falam em viagens pelo Egito, pela China, pela Grécia, pela Caldeia, pela Pérsia, pela Alexandria, por Heliópolis e outros lugares.

Outros acreditam que Jesus permaneceu bastante tempo entre os essênios e durante a sua vida pública teria revelado em si alguns aspectos do modo de vida dos essênios.

O Evangelista Lucas diz que

"O menino crescia e fortalecia-se no espírito. Vivia no deserto até o dia em que havia de manifestar-se a Israel". (Lc 1,8).

Crescer e fortalecer-se no espírito é buscar a manifestação da divindade no seu íntimo. O espírito é a imanência divina. O Jesus humano e o Cristo divino formando a mais intrínseca fusão. Onde termina o humano e começa o divino? Onde começa o humano no divino? Seria ele homem-Deus ou Deus-homem? Importa esquadrinhar isso? "Eu e o Pai somos um. Quem vê a mim, vê o Pai" – dizia ele. A humanidade na mesma dimensão elevada do espírito. Aí residia e reside seu poder e sabedoria, seus milagres, sua Força interior.

O ser humano também é espírito. Quando o Mestre disse "Vós sois deuses", referia-se a essa verdade. Pelo espírito, Jesus realizava milagres. Pelo espírito, a criatura humana alcança o que quer, inclusive tem o poder do milagre.

A fé é atributo do espírito. Para recordar: "Fé – disse Jesus – é crer firmemente na realização da sua palavra".

A palavra acreditada é palavra amparada no espírito, por isso é infalível e tem o poder do milagre.

Os evangelhos revelam que a última etapa preparatória para o ingresso no ministério da pregação foi um retiro de quarenta dias no deserto.

O número quarenta, como falo no meu livro "O Poder Interior", tem significado simbólico, assim como o sete, o três, o um.

Diversas vezes aparece o número quarenta na Bíblia. Tanto Elias como Moisés começaram seu ministério público após quarenta dias e quarenta noites de preparação.

Moisés jejuou quarenta dias e quarenta noites; permaneceu quarenta dias no Monte Sinai para receber as tábuas da lei; permaneceu uma segunda vez no Monte Sinai por quarenta dias e quarenta noites. Elias esteve quarenta dias e quarenta noites no Monte Horeb e quarenta dias e quarenta noites no Monte Carmelo. Os habitantes de Nínive fizeram penitência por quarenta dias a fim de não serem castigados por Deus. O povo de Israel esteve sob o domínio dos faraós por quarenta anos. Israel se alimentou com o maná do deserto por quarenta anos. Diversos reinados de reis israelitas duraram quarenta anos.

Nesses quarenta dias, Jesus jejuou e orou, iluminando-se interiormente, a ponto de sentir-se em comunhão perfeita e unívoca com o Pai, o Deus-nele, e com o Espírito Santo.

Então, teve a certeza de que sua hora havia chegado. (Lc 3, 21-23).

Aproximou-se de João Batista, no rio Jordão, para o batismo, e João exclamou: "Eis o Cordeiro de Deus que tira o pecado do mundo. Este é de quem eu dizia: Após mim vem um que é maior que eu, porque existia antes de mim. Não o conhecia eu; mas, para o tornar conhecido em Israel é que vim com o mergulho d'água". (Jo 1, 29).

O CRISTO

Lucas narra que, ao receber o batismo de João, desceu o Espírito Santo sobre Jesus, em forma corpórea de pomba", e do céu veio uma voz: *"Tu és meu Filho bem-amado; eu, hoje, te gerei!" (Lc 3, 21-22).*

Sendo interpretada ao pé da letra essa mensagem, nesse momento era gerado o Cristo, o Filho de Deus. No entanto, desde seu nascimento era anunciado como o Salvador, o Filho de Deus.

A partir deste instante, já não era mais apenas o filho de Maria e José. Já não era mais apenas o Jesus.

Era o Cristo, o Iluminado, o Messias, o Salvador.

E começou a transmitir a mensagem que a luz Divina lhe inspirara, chamando-a de Boa Nova. Evangelho significa boa nova.

De posse do conhecimento das grandes Leis e princípios espirituais, passou a transmiti-los ao mundo.

Jesus agora está numa outra dimensão. Sua união perene com o Pai se expressa em poder e sabedoria.

"Eu vim em nome de meu Pai". (Jo 5, 41-43).

"Mas digo o que o Pai me ensinou." (Jo 8, 21-31).

"Eu vos digo o que vi junto de meu Pai." (Jo 8, 32-47).

O PODER SOBRE A MATÉRIA

"Aquele que crer, se beber algo mortífero, não lhe fará mal". (Mc 16,18).

Jesus conhecia todas as leis físicas, espirituais e mentais, por isso as utilizava de forma admirável em benefício da humanidade.

Os homens, a partir do momento em que descobrem as Leis que regem os fenômenos físicos, começam a utilizar essas descobertas; assim aconteceu com Jesus. Ele apreendeu a totalidade das Leis Universais e as dominou totalmente.

Thomas Alva Edison, no momento em que descobriu as Leis da eletricidade, passou a usálas, inventando a lâmpada elétrica e tantos outros inventos maravilhosos.

Jesus conhecia as Leis que regem a matéria e as dominou, realizando diversas obras admiráveis.

A MULTIPLICAÇÃO DOS PÃES

"A esta notícia, retirou-se Jesus e embarcou para um lugar solitário para ficar a sós. O povo, porém, o percebeu, saiu das cidades e o foi seguindo a pé. Ao desembarcar, topou Jesus com grande multidão de gente; teve pena deles e curou-lhes os enfermos. Ao cair da tarde, chegaram-se a ele os seus discípulos e disseram: "O lugar é deserto e vai adiantada a hora; despede o povo, para que vá às aldeias comprar o que comer."

Respondeu-lhes Jesus: "Não é necessário que vão embora; dai-lhes vós de comer."

Ao que eles observaram: "Não temos aqui senão cinco pães e dois peixes."

"Trazei-mos cá" – ordenou Jesus. E, tendo feito o povo sentar-se na relva, tomou os cinco pães e os dois peixes, levantou os olhos ao céu e os abençoou. Em seguida, partiu os pães e os entregou aos discípulos; e os discípulos os serviram ao povo. Comeram todos e ficaram fartos, e encheram ainda doze cestos com os pedaços que sobraram. Ora, o número dos que comeram orçava por cinco mil homens, sem contar as mulheres e as crianças". (Mt 14, 13-21).

Houve outra multiplicação dos pães, que

assim foi relatada por Mateus: *"Partindo daí, encaminhou-se Jesus para as margens do lago da Galileia. Subiu a um monte e sentou-se ali. Reuniram-se em torno dele numerosas multidões, trazendo consigo coxos, aleijados, cegos, mudos e outros muitos; colocavam-nos aos pés de Jesus, e ele os curava. Pasmava a gente e glorificava o Deus de Israel, ao ver que os mudos falavam, os aleijados recobravam saúde, os coxos andavam e os cegos viam.*

Então, convocou Jesus os seus discípulos e disse: "Tenho compaixão deste povo; há três dias que estão comigo e não têm o que comer; não quero despedi-los em jejum, para que não venham a desfalecer pelo caminho."

Observaram os discípulos: "Mas, donde havemos de tirar pão, neste deserto, para fartar tamanha multidão?"

"Quantos pães tendes? - perguntou Jesus.

"Sete – responderam – mais alguns peixinhos."

Então, ordenou Jesus que o povo se sentasse no chão; tomou os sete pães e os peixes, deu graças, partiu-os e entregou-os aos discípulos; e os discípulos os distribuíram ao povo. Comeram todos e ficaram fartos, e encheram ainda sete cestos com os pedaços que sobraram. Ora, os que comeram eram quatro mil homens, sem contar mulheres e crianças.

Despediu Jesus o povo, embarcou, e passou para o território de Magedan." (Mt 15, 29-39).

Multiplicação dos pães – poder sobre a matéria.

Conhecendo os segredos das Leis da energia – toda matéria é energia – o Mestre materializou a energia que formou os pães.

JESUS DOMINA OS VENTOS E AS ÁGUAS

Ao cair da noite, Jesus e os discípulos despediram o povo e tomaram o barco para passar à outra margem do Mar da Galileia. Outros barcos seguiam atrás.

"Levantou-se então uma grande tempestade; as ondas se arrojavam sobre o barco, que se ia enchendo de água. Jesus, porém, dormia sobre um travesseiro, na popa da embarcação. Despertaram-no os discípulos, bradando: "Mestre! Não te importa que pereçamos?" Levantou-se Jesus, deu ordem ao vento e disse ao lago: "Cala-te! Fica quieto!" Cessou o vento e seguiu-se uma grande bonança. E disse-lhes: "Por que esse medo? Ainda não tendes fé?"

Apoderou-se deles um grande terror, e diziam uns aos outros: "Quem é este, que até o vento e o mar lhe obedecem?" (Mc 4, 35-41).

Por este acontecimento extraordinário, você pode ver o domínio que Jesus tinha sobre a natureza: *"Quem é este, que até o vento e o mar lhe obedecem?"*

Numa outra ocasião, relata o Evangelho que Jesus novamente acalmou as águas do Mar da Galileia para que o barco dos discípulos pudesse atravessar sem problemas. (Mc 6, 45-52).

TRANSFORMANDO A ÁGUA EM VINHO

Celebrava-se um casamento em Caná, da Galileia. Estava presente, nesta festa, a mãe de Jesus. O Mestre e os discípulos também foram convidados.

Em meio à festa, faltou vinho. Maria avisou Jesus e deu ordem aos criados para que fizessem tudo o que ele mandasse.

Diz o Evangelho: *"Ora, estavam aí seis talhas de pedra, destinadas às purificações usadas pelos judeus, cabendo em cada uma uns trinta litros. Ordenou-lhes Jesus: "Enchei de água as talhas".*

Encheram-nas até em cima.

Então lhes disse: "Tirai agora e levai ao mestre-sala."

Levaram-nas.

O mestre-sala provou da água transformada em vinho e não sabia donde era; só o sabiam os serventes que tinham tirado a água.

O mestre-sala chamou o esposo e disse-lhe: "Toda gente serve primeiro o vinho bom, e depois que os convidados beberam bastante, apresenta o que é inferior; tu, porém, reservaste o vinho bom até agora". (Jo 2, 1-11).

Jesus declarou que todos podem ter poder sobre a matéria:

"Em verdade vos declaro que, se alguém disser a este monte: Sai daqui e lança-te ao mar; e se não duvidar em seu coração, mas crer firmemente na realização da sua palavra – há de acontecer assim mesmo". (Mc 11, 20-26).

"Ao chegar Jesus a Cafarnaum, vieram os cobradores de impostos exigir as duas dracmas.

O Mestre chamou Simão Pedro e disse-lhe: *"Vai ao lago, lança o anzol e toma o primeiro peixe que apanhares; abre-lhe a boca, que nela encontrarás um estáter; com ele paga, por mim e por ti." (Mt 17, 24-27).*

Tudo aconteceu conforme dissera Jesus.

É fantástico que até dinheiro produziu o Rabi.

PODER SOBRE OS ANIMAIS

O evangelista Lucas narra a história da pesca abundante, nestes termos:

"Depois de acabar de falar, disse Jesus a Simão:

- Faze-te ao largo e lançai as vossas redes para a pesca.

- Mestre – respondeu Simão – trabalhamos a noite toda e nada apanhamos. Mas, sob a tua palavra, lançarei as redes.

Feito isto, apanharam tão grande multidão de peixes que as redes se lhes iam rompendo. Fizeram, por isso, sinal aos companheiros do outro barco para que viessem ajudá-los. Acudiram eles, e encheram ambos os barcos a ponto de se irem quase a pique". (Lc 5, 4-11).

Por diversas vezes Jesus falou a respeito do poder sobre os animais.

"Eis que vos dei poder de calcar serpentes e escorpiões, e poder sobre todas as potências inimi-

gas; coisa alguma vos fará mal." (Lc 10, 17-20).

"Aquele que crer ... pegará em serpentes..." (Mc 16, 15-18).

JESUS E O PODER SOBRE AS PLANTAS

"Quando, muito de madrugada, Jesus voltou à cidade, com seus discípulos, e teve fome. Viu uma figueira à beira do caminho, aproximou-se dela, mas não lhe encontrou senão folhas. Disse, então, Jesus a ela: "Nunca mais nasça em ti fruto algum." Imediatamente a figueira secou. À vista disto, observaram os discípulos, cheios de admiração: "Como secou tão depressa a figueira."

Replicou-lhes Jesus:

"Em verdade, vos digo que, se tiverdes fé e não vacilardes, não somente fareis o que sucedeu à figueira; mas, se disserdes a este monte: Sai daqui e lança-te ao mar – assim acontecerá. Tudo o que pedirdes com fé, na oração, alcançá-lo-eis." (Mt 21, 18-22).

O PODER SOBRE AS PESSOAS

Jesus afirmava que lhe tinha sido dado

todo o poder no céu e na terra. As multidões se aproximavam dele com a fé de que a sua virtude curaria toda espécie de doença mental ou física.

Diz o Evangelho:

"Percorria Jesus toda a Galileia, ensinando nas sinagogas, daí anunciando a boa nova do reino, e curando toda espécie de moléstias e qualquer enfermidade entre o povo. Pela Síria toda chegou a espalhar-se a sua fama. Levavam à presença dele todos os que sofriam algum mal e eram vítimas de várias doenças e dores, bem como os possessos, os lunáticos e os paralíticos; e ele os curava. Seguiam-no grandes multidões vindas da Galileia e da Decápole, assim como de Jerusalém, da Judeia e das regiões d'além-Jordão". (Mt 4, 23-25).

Certa ocasião, disse Jesus que o Espírito do Senhor o ungiu para levar a liberdade aos oprimidos e dar aos cegos a luz dos olhos.

Um dia, falou o Mestre:

"Eu tenho o poder de dar a vida e de a recuperar. É este o mandato que recebi de meu Pai". (Jo 10,21).

O PODER DE CURAR

Dois aspectos se destacam fortemente na

missão de Jesus: em primeiro lugar, a pregação da boa nova do reino; em segundo lugar, a cura dos doentes.

Percorria cidades, vilas e povoados levando a mensagem de uma nova ordem na história humana. Ao mesmo tempo, desempenhava com carinho, amor e imensa boa vontade, a missão de misericórdia.

Na verdade, as multidões, principalmente o povo simples, sempre acorre com fé aonde quer que se lhes ofereça a promessa de aliviar os seus males e de curar as suas enfermidades. Jesus se consagrou com a maior generosidade a este maravilhoso apostolado da cura das doenças.

CONTA MATEUS

Narra o evangelista Mateus que Jesus, *"no início de sua vida pública, percorria toda a Galileia, ensinando nas sinagogas, anunciando a boa nova do reino, e curando toda a espécie de moléstias e qualquer enfermidade entre o povo. Levavam à presença dele todos os que sofriam algum mal e eram vítimas de várias doenças e dores, bem como os possessos, os lunáticos e os paralíticos; e ele os curava. Seguiam-no grandes multidões vindas da Galileia e da Decápole, assim como de Jerusalém, da Judeia e das regiões d'além-Jordão."* (Mt 4, 23-25).

Vê-se claramente, neste texto, os dois aspectos da missão de Jesus: pregar a boa nova do reino e curar os enfermos. Sobre a cura, a afirmação de Mateus é grandiosa, dizendo que Jesus curava toda espécie de moléstias e qualquer enfermidade. Levavam à presença de Jesus os que sofriam de algum mal e ele os curava.

Note-se que o escritor não falou que Jesus curava alguns doentes. Curava a todos. Todos.

Mateus, numa outra oportunidade, diz novamente:

"Ao anoitecer, trouxeram-lhe grande número de endemoninhados; e ele expulsava os espíritos com uma palavra e curava todos os enfermos. Cumpria-se, destarte, o que dissera o profeta Isaías: Ele mesmo toma sobre si as nossas enfermidades e remove as nossas doenças." (Mt 8, 15-17).

Mais adiante, conta, de novo, Mateus:

"Entretanto, ia Jesus percorrendo todas as cidades e aldeias, ensinando nas sinagogas, proclamando o Evangelho do reino e curando toda a moléstia e toda a enfermidade. À vista das multidões, sentia-se tomado de compaixão por elas, porque andavam entregues aos sofrimentos e ao abandono,

como ovelhas sem pastor". (Mt 9, 35-38).

Por estas palavras, tem-se a certeza de que Jesus não operava curas apenas para provar a sua divindade, mas por compaixão dos sofredores e doentes.

"Sentia-se tomado de compaixão porque andavam entregues aos sofrimentos e ao abandono".

Ele chamou os doentes:

"Vinde a mim todos os que andais aflitos e sobrecarregados, e eu vos aliviarei". (Mt 11,28).

As multidões estavam fascinadas por Jesus:

"A esta notícia, (da morte de João Batista), retirou-se Jesus e embarcou para um lugar solitário, à parte. O povo, porém, o percebeu, saiu das cidades e o foi seguindo a pé. Ao desembarcar, viu Jesus grande multidão de gente; teve pena deles e curou-lhes os enfermos". (Mt 14, 13-14).

Quando Jesus chegou ao território de Genesar, *"os habitantes desta região, logo que o conheceram, mandaram recado por toda a redondeza e levaram a Jesus todos os seus doentes. Rogavam-lhe que lhes permitisse tocar apenas a borla do seu manto; e todos que a tocavam eram curados". (Mt 14, 34-36).*

"Partindo daí, encaminhou-se Jesus para as margens do Lago da Galileia. Subiu a um monte e

sentou-se ali. Reuniram-se em torno dele numerosas multidões, trazendo consigo coxos, aleijados, cegos, mudos e outros muitos; colocavam-nos aos pés de Jesus, e ele os curava. Pasmava a gente e glorificava o Deus de Israel, ao ver que os mudos falavam, os aleijados recobravam a saúde, os coxos andavam e os cegos viam." (Mt 15, 29ss).

Mais adiante, Mateus relata que, *"depois de rematar estes discursos, partiu Jesus da Galileia e foi em demanda das regiões da Judeia além do Jordão. Muita gente o foi seguindo, e ele os curou ali." (Mt 19, 1).*

NARRA MARCOS

Já o apóstolo Marcos narra, no capítulo terceiro do seu Evangelho, que *"se retirou Jesus com seus discípulos para as margens do lago. Grandes multidões da Galileia o foram seguindo; também da Judeia e de Jerusalém, da Idumeia e das regiões d'além-Jordão, bem como de Tiro e Sidon afluíam massas enormes, desde que ouviram sobre as maravilhas que operava. Recomendou, por isso, a seus discípulos que lhe conservassem aparelhado um barco para evitar que a multidão o atropelasse. É que curava muita gente, razão porque todos que sofriam algum mal se apertavam em torno dele para lhe tocar..." (Mc 3, 7ss).*

A multidão do povo, essa gente simples, que tem a mente aberta, sem preconceitos, essa gente que não tem barreiras de dogmatismos e que não se envolve em maldades sob pretextos religiosos, sempre seguia Jesus, fascinada pela sua palavra e cheia de fé na cura de seus males.

Marcos conta, no capítulo quarto do seu Evangelho:

"Reencetou Jesus os seus ensinamentos à beira do lago. O povo o cercava numerosíssimo; pelo que, entrou Jesus num barco, sentou-se nele, sobre o lago, enquanto toda a multidão ficava em terra, pela praia do lago". (Mc 4,1).

Novamente Marcos relata, no capítulo quinto:

"Tornou Jesus a embarcar e chegaram à outra margem, onde afluíram a ele grandes multidões." (Mc 5,32).

Mais adiante, este mesmo evangelista descreve:

"Passaram para a margem oposta e chegaram a Genezaré, onde saltaram. Mal acabavam de desembarcar, logo a gente reconheceu Jesus. Puseram-se a correr toda a região, trazendo-lhe os doentes em leitos, onde quer que ouvissem da presença

dele. E onde quer que aparecesse – fosse em aldeia, cidade ou povoação – expunham os seus enfermos em praça pública e rogavam que lhes permitisse tocarem-lhe ao menos a borla do manto; e quantos a tocavam saíam curados". (Mc 6,54-56).

ESCREVE LUCAS

Também o evangelista Lucas, natural de Antioquia, médico, que acompanhou as pregações do apóstolo Paulo durante muito tempo, tem maravilhosas descrições a respeito da ação curadora de Jesus. No capítulo seis do seu evangelho, relata: *"Desceu com eles e parou em uma esplanada. Grande número de seus discípulos e enorme multidão de povo de toda a Judeia, de Jerusalém e das regiões marítimas de Tiro e Sidon, tinham afluído para ouvi-lo e serem curados das suas enfermidades. Foram curados os que estavam vexados de espíritos impuros. Todo o povo procurava tocá-lo, porque dele saía uma virtude que curava a todos". (Lc 6,17-19).*

Quando João Batista, que era prisioneiro de Herodes, soube, através de seus discípulos, as maravilhas que Jesus estava operando, mandou dois dos seus para levarem a Jesus esta pergunta: "És tu aquele que há de vir, ou devemos esperar por outro?"

Encontraram o Mestre curando muita gente de enfermidades, moléstias e espíritos malignos, e restituindo a vista a numerosos cegos.

Que resposta deu Jesus aos enviados de João?

Ao invés de falar sobre a sua pregação, sobre o Filho de Deus, o Messias, simplesmente deu-lhes esta resposta:

"Ide e contai a João o que acabais de ver e ouvir: os cegos veem, os coxos andam, os leprosos tornam-se limpos, os surdos ouvem, os mortos ressuscitam, e aos pobres é anunciada a boa nova." (Lc 7, 18-23).

O RELATO DE JOÃO

Também o evangelista João refere as inúmeras curas realizadas por Jesus. Embora seu Evangelho tenha um cunho mais teológico e doutrinário, no capítulo seis, João relata:

"Depois disso, passou Jesus para a outra margem do lago da Galileia, chamado Lago de Tiberíades. Seguiu-o grande multidão de povo, porque viam os sinais que fazia aos doentes". (Jo 6,1-2).

AS CURAS DOS MALES FÍSICOS REALIZADAS POR JESUS

Os evangelistas narram, à saciedade, como você viu acima, que os doentes que buscavam a saúde, em Jesus, eram curados. As multidões acorriam ao Rabi e eram curadas. À sua passagem pelas povoações, vilas e cidades, eram-lhe trazidos os doentes e ele os curava.

Mas os Evangelhos contam muitos casos especiais de curas.

A CURA DE UM LEPROSO

O primeiro caso de cura individual narrado por Mateus, refere-se a um leproso.

"Ao descer do monte, foi Jesus seguido de grande multidão de povo. E eis que veio um leproso e se lhe prostrou aos pés com estas palavras:

- Senhor, se quiseres, podes tornar-me limpo.

Estendeu Jesus a mão, tocou nele e disse:

- Eu quero, sê limpo.

E, no mesmo instante, ficou limpo da lepra.

Recomendou-lhe Jesus:

- Não o digas a ninguém; mas vai mostrar-te ao sacerdote e faze a oferta que Moisés ordenou, para que lhes sirva de testemunho." (Mt 8, 1-4).

É de se notar alguns aspectos nesse fato: em primeiro lugar, a fé do leproso no poder de Jesus.

"Senhor, se quiseres, podes tornar-me limpo".

Ele poderia, como muita gente, hoje em dia, pensar assim: Bem, já que a minha doença é incurável, já que partes do meu corpo nem existem mais, vou pedir para que ele me alivie pelo menos as dores.

Aquele homem acreditou que Jesus poderia curá-lo, por isso foi até o Mestre e, apesar da multidão, prostrou-se aos pés de Jesus e pediu a cura total.

Jesus estendeu sobre ele a mão, tocou-o e pronunciou as palavras da cura.

Dois métodos de cura usou o Mestre nessa ocasião: a imposição das mãos e a palavra.

"Estendeu Jesus a mão, tocou nele e disse: Eu quero, sê limpo".

É importante notar, neste episódio, que Jesus recomendou-lhe não dizer nada a ninguém.

Quais as razões que o levariam a determinar, em algumas ocasiões, que os curados não dissessem nada a ninguém? Para que outros não soubessem? Mas, a multidão se acotovelava em torno dele! A cura não era segredo. Todos a presenciaram.

Suponhamos que esse homem saísse dali, curado e feliz, e fosse contar o fato para pessoas negativas, incrédulas. Estas começariam a fazer-lhe troça, blasonando que essa cura era ilusória e logo, logo, a doença se manifestaria mais fortemente. Isto seria um atentado contra a fé daquele homem. Caso acreditasse nessas pessoas negativas, o processo da cura se veria afetado e tudo poderia voltar como era antes. Havia muita psicologia e muito conhecimento profundo da ciência mental e espiritual da cura em Jesus e esta recomendação se fazia necessária para que a saúde não sofresse processo de reversão.

A CURA DA SOGRA DE PEDRO

Outra cura pela imposição da mão aconteceu quase logo a seguir, quando Jesus entrou na casa de Pedro e lá *"encontrou a sogra deste apóstolo, de cama, ardendo em febre. Tomou-a pela mão e a febre a deixou; levantou-se ela e o foi servindo". (Mt 14-17).*

A CURA DE UM PARALÍTICO

Conta o Evangelho de Mateus que *"embarcou Jesus e, passando à outra margem, chegou à cidade. E eis que lhe apresentaram um paralítico prostrado num leito"*.

Marcos e Lucas dão mais detalhes sobre este episódio. Falam que, devido à multidão, subiram ao telhado com o paralítico e o arriaram pelo telhado, juntamente com o leito, bem diante de Jesus.

Mateus continua narrando assim: *"À vista da fé que eles tinham, disse Jesus ao paralítico: "Tem confiança, filho; os teus pecados te são perdoados."*

Formaram, então, alguns dos escribas este juízo consigo mesmos: "Este homem blasfema".

Jesus, porém, que lhes conhecia os pensamentos, observou: "Por que estais a pensar mal em vossos corações? Que é mais fácil, dizer: "Estás liberto dos teus pecados", ou dizer: "Levanta-te e anda? Ora, vereis que o Filho do homem tem o poder de perdoar pecados sobre a terra."

Disse, então, ao paralítico: "Levanta-te, carrega o teu leito e vai para casa."

Levantou-se ele e foi para casa.

À vista disso, as multidões se encheram de temor, glorificando a Deus, que tal poder dera aos homens." (Mt 9, 1-8) (Lc 5,17-26) (Mc2,1-12).

Este trecho do evangelho tem um significado muito profundo. Jesus demonstrou aos escribas que perdoar os pecados e curar era a mesma coisa.

"Ora, haveis de ver que o Filho do homem tem o poder de perdoar pecados sobre a terra: Levanta-te, carrega o teu leito e vai para casa."

A CAUSA DAS DOENÇAS

No livro "O Poder Infinito da sua Mente" dizemos que as doenças são provocadas por pensamentos negativos, sentimentos negativos, emoções negativas, hábitos negativos, sugestões negativas, ambientes negativos, influências negativas, crenças negativas e até mesmo pelo inconsciente coletivo negativo.

Considerando-se verdadeira esta afirmação, acabar com a causa da doença, que são os pecados, as desarmonias, ou seja, as situações negativas, é a mesma coisa que acabar com a doença, pois a consequência é um produto da causa.

Jesus, que conhecia profundamente todas as Leis da mente, sabia que pensar o mal era o mesmo que criar o mal, por isso, para ele, era a mesma coisa curar esse paralítico eliminando a causa do mal como curar eliminando a própria doença.

Certa ocasião, Jesus falou sobre a causa das doenças, dizendo:

"Escutai todos, e compreendei-o bem! O que de fora entra no homem não o pode tornar impuro, mas somente o que sai do interior do homem, isto é que o torna impuro. Quem tem ouvidos para ouvir, ouça.

Depois que ele se retirou do meio do povo e chegou à casa, vieram os discípulos interrogá-lo sobre o sentido da parábola.

Respondeu-lhes ele:

- Nem vós tendes ainda compreensão? Não atinais, então, que tudo que de fora entra no homem não o pode tornar impuro? Pois não lhe entra no coração, mas vai para o estômago, e daí toma o caminho natural, purificando todos os alimentos. Mas o que sai do homem – prosseguiu – isto é que o torna impuro; porque do interior do coração do homem é que vêm os maus pensamentos, a luxúria, os roubos, a astúcia, a libertinagem, o mau olhar, a blasfêmia, a soberba e os desatinos. Todos estes males vêm de dentro, e são eles que tornam o homem impuro." (Mc 7, 14-23).

Vale dizer que são os males nascidos na mente que tornam o homem doente.

A doença é produzida pela mente e a cura pela fé é realizada pela mente.

A CURA PELA MENTE

No meu livro "O Poder Infinito da Sua Mente" eu coloco esses três passos para a cura da doença:

1. Eliminar a causa da doença eliminando a situação mental negativa; perdoar-se.
2. Substituir os pensamentos negativos, causadores do mal, criando pensamentos positivos contrários; ligar-se na Mente Infinita, na Perfeição Infinita.
3. Criar um quadro mental visualizando a parte do corpo completamente curada. Visualizar o órgão perfeito. Este é o caminho natural que produz a cura através da ação cinética do subconsciente. Em Jesus, no entanto, as curas se processavam sempre instantaneamente.

A CURA DA HEMORROÍSSA E A RESSURREIÇÃO DA FILHA DE JAIRO

Relata o Evangelho de Mateus que Jesus estava falando, *"quando se lhe apresentou um magistrado, prostrou-se-lhe aos pés e disse: "Minha filha acaba de morrer; mas vem, põe a tua mão sobre ela e viverá."*

Levantou-se Jesus e o foi seguindo com seus discípulos.

Então se acercou dele, por detrás, uma mulher que, havia doze anos, sofria de um fluxo de sangue, e tocou-lhe na borla do manto; porque dizia consigo mesma: "Se lhe tocar sequer o manto, serei curada.

Diz o evangelista Marcos sobre esta mulher: *"Tinha padecido muito às mãos de numerosos médicos, gastando toda a sua fortuna, mas sem encontrar alívio algum; até se achava cada vez pior". (Mc 5, 21-43).*

O evangelista Lucas, que também era médico, confirma que essa mulher *"gastara com os médicos toda a sua fortuna, sem encontrar quem a pudesse curar". (Lc 8, 40-56).*

Mas, deixemos que Mateus continue a sua narração: *"Voltou-se Jesus, viu-a e disse: "Tem confiança, minha filha! Tua fé te curou."*

A partir dessa hora, estava a mulher curada.

A seguir, chegou Jesus à casa do magistrado, e viu os tocadores de flauta e um bando de gente em alarido.

- Retirai-vos – disse o Mestre – porque a menina não está morta, mas dorme.

Zombaram dele.

Depois de mandar sair a gente, entrou Jesus no aposento, tomou a menina pela mão, e ela se levantou". (Mt 9, 18-26).

Marcos dá alguns detalhes a mais sobre este fato. Diz ele que Jesus ainda estava falando com a mulher que curara, quando veio gente da casa do magistrado para dizer-lhe que não incomodasse mais o Mestre, porque a menina tinha acabado de morrer. Jesus, *"que entreouvira este recado, disse ao chefe da sinagoga, Jairo:*

- Não temas; é só teres fé.

Não permitiu que alguém o acompanhasse, senão Pedro, Tiago e João, irmão de Tiago. Chegaram à casa do chefe da sinagoga, e percebeu Jesus grande alvoroço, choros e lamentos. Entrou e disse-lhes:

- Por que esse alvoroço e esse choro? A menina não está morta, dorme apenas.

Riram-se dele. Jesus, porém, mandou sair todos, levando consigo tão-somente o pai e a mãe da menina e seus companheiros; e entrou onde estava a menina e disse-lhe:

- Talitha, cumi! – o que quer dizer: "menina, eu te ordeno: levanta-te!"

Imediatamente, a menina se levantou e pôs-se

a andar; tinha doze anos de idade. A gente estava fora de si, estupefata. Jesus, porém, ordenou com insistência que ninguém o chegasse a saber. Em seguida, mandou que lhe dessem de comer". (Mc 5, 35-43).

Lucas relata este acontecimento, acrescentando mais uma afirmação às palavras iniciais ditas ao chefe da sinagoga: *"Não temas, é só teres fé, e ela será salva". (Lc 8,50).*

Este evangelista colocou mais um detalhe na narrativa: *"Então Jesus a tomou pela mão e bradou: "Menina, levanta-te!" Nisto voltou-lhe o espírito, e ela se levantou imediatamente. Mandou que lhe dessem de comer. Os pais estavam fora de si de assombro. Jesus, porém, ordenou que a ninguém falassem do ocorrido". (Lc 8, 55-56).*

ANÁLISE DA RESSURREIÇÃO DA FILHA DE JAIRO

Antes de tudo, estamos, é certo, diante de um fenômeno extraordinário: "A gente estava fora de si, estupefata."

É interessante verificar que Jesus se fez cercar de todas as condições necessárias para o exercício maravilhoso do poder da fé.

Ter fé é acreditar. Quando uma pessoa

acredita, todas as forças interiores são unívocas, caminham impetuosas numa só direção.

Em primeiro lugar, Jesus tratou de condicionar as pessoas no sentido de acreditarem que a menina não estava morta, mas dormia. Se a mente do povo se voltasse para a crença da vida, esta seria mais uma força extraordinária de sugestão em benefício da menina.

Talvez se possa supor que quando uma pessoa está morta, mas em condições de voltar à vida, como nada pode fazer por si, a ação da fé e da sugestão dos outros atua de forma poderosa, porquanto é sabido que a palavra age sugestivamente sobre uma pessoa em estado subconsciente. Neste caso, Jesus pretendeu levar as pessoas a mentalizarem a vida e não a morte da menina.

Outro aspecto valioso é que Jesus somente quis levar consigo apenas pessoas que acreditavam no que ele iria fazer: seus três discípulos mais firmes na fé, Pedro, Tiago e João, irmão de Tiago, além dos pais que, sem dúvida nenhuma, acreditavam no poder de Jesus, tanto que foram pedir que devolvesse a vida à menina. Mesmo assim, o Mestre já havia reforçado vigorosamente a fé de Jairo, afirmando-lhe: "Não temas, é só teres fé, e ela será salva".

Só de imaginar esta cena e estas palavras de Jesus é de se ficar emocionado. Aí estava um pai desolado, que acaba de receber a notícia do falecimento da filha, com o recado de não incomodar mais Jesus, porque não adiantaria nada. Jesus, então, volta-se para ele e diz-lhe: "Não temas, é só teres fé, e ela será salva".

Estas palavras de Jesus foram luz na escuridão desesperadora daquele homem. Foram a força inaudita que reacendeu a esperança no coração daquele pai. Nesse instante, sem dúvida, já começou a ressurreição da menina, pois o pai acreditou que Jesus iria trazê-la à vida. As outras pessoas riram de Jesus. Mas Jairo acreditou. A mãe também acreditou. Os seus três discípulos maiores também acreditaram, porque conheciam melhor do que ninguém o poder de Jesus.

No quarto em que se encontrava a adolescente, só penetraram as pessoas que acreditavam. Veja como Jesus fez questão de criar todas as condições positivas para o seu trabalho.

Segundo a narração de Lucas, Jesus tomou a menina pela mão. Na cura da sogra de Pedro, também o Rabi a tomou pela mão. A mão, possivelmente, seja a parte do corpo mais adequada para transmitir a força espiritual.

A ação final da ressurreição se processou através da palavra, que se traduziu numa ordem expressa à menina para que se levantasse.

Partindo-se do pressuposto de que a menina estivesse, ainda que morta, em estado de sugestibilidade total, a ordem pela palavra firme e clara era o estopim da força, era o impulso definitivo da ação revitalizadora, a que a adolescente não poderia rejeitar.

Por fim, veio a determinação natural e correta de Jesus para que dessem de comer à menina. Claro, no estado de esgotamento em que estivera, nada mais de acordo com a natureza do ser vivo do que alimentar-se para refazer as energias.

Explique-se como se queira, na verdade foi um estupendo milagre.

Deste fato, sobra a grande lição de que tudo é possível àquele que crê. (Mt 17,14-21).

"Aquilo que para os homens é impossível, para Deus é possível", já o afirmara, em outra oportunidade, o Mestre.

A CURA DE DOIS CEGOS

Logo após a narração do milagre da ressurreição da filha de Jairo, Mateus conta que *"quando Jesus prosseguia viagem, foram-lhe no encalço dois cegos, que bradavam:*

- Filho de Davi, tem piedade de nós!

Tendo chegado à casa, logo se acercaram dele os cegos.

Perguntou-lhes Jesus:

- Tendes fé que eu possa fazer isto?

- Sim, Senhor! – responderam-lhe.

Então lhes tocou os olhos e disse:

- Faça-se convosco conforme a vossa fé.

E abriram-se-lhes os olhos. Jesus, porém, lhes deu este aviso severo:

- Vede que ninguém o chegue a saber.

Eles, porém, se foram e espalharam por toda a região a fama de Jesus." (Mt 9, 27-31).

Antes de curar os cegos, Jesus quis cientificar-se de que eles acreditavam no poder da cura. Por que teria perguntado se acreditavam na cura? Imagine você a ação negativa que estaria agindo contra a ordem de Jesus no caso de eles não acreditarem. Mas, responderam de imediato, com toda a força interior que lhes acudia: "Sim, Senhor, temos fé que tu podes fazer isso!"

O Mestre poderia ter concluído assim: "Então, abram-se os vossos olhos!" Mas, disse: "Faça-se convosco conforme a vossa fé", o que era a mesma coisa.

Digno de nota é ver-se que Jesus não se preocupou em indagar-lhes sobre a origem da cegueira, se havia ainda o nervo ótico, se estavam em condições físicas necessárias para o exercício da visão. Isto não importava ao Nazareno, pois o corpo sempre é obrigado a responder às determinações da mente. O corpo é a resposta da mente. O corpo, na sua essência, na sua verdadeira imagem e realidade, sempre é perfeito. Digamos assim: a matriz do corpo sempre é perfeita, por isso a saúde já existe em cada pessoa, independente do seu estado físico. Quando a ação mental atua de forma unívoca, irreversível, incondicional, sobre o corpo, este atende. Se a energia atuante é poderosa, extraordinária, vulcânica, a saúde pode se processar instantaneamente. Era o que acontecia sempre com Jesus. Só o que quis, em relação aos dois cegos, é que acreditassem, isto é, que a mente deles estivesse a favor da cura, acreditando na cura e no poder de Jesus.

Postas estas premissas, o milagre aconteceu.

Nesta ocasião e na ocasião anterior, bem como em outras situações, Jesus insiste para que os beneficiados não contem a ninguém. Isto para evitar que alguém instile na mente deles a dúvida, a vacilação e o medo, porque este tipo de pensamento negativo afetaria os resultados obtidos.

A CURA DE UM HOMEM COM A MÃO ATROFIADA

"Partindo daí, entrou Jesus na sinagoga deles. E eis que havia aí um homem com uma das mãos atrofiada. No relato desse fato, travou-se a discussão se era permitido curar em dia de sábado. Jesus respondeu-lhes sabiamente que sim.

Em seguida, disse ao homem:

- Estende a mão!

Estendeu-a, e ela se tornou sã como a outra." (Mt 12,9-14).

A CURA DO SURDO-MUDO

"Tornou a retirar-se do país de Tiro – relata Marcos – e foi, por Sidon, ao Lago da Galileia, atravessando o território da Decápole.

Trouxeram-lhe, então, um surdo-mudo e lhe rogaram pusesse a mão sobre ele. Jesus tomou-o à parte, fora do povo, pôs-lhe os dedos nos ouvidos e tocou-lhe a língua com saliva. Depois levantou os olhos ao céu, deu um suspiro e disse-lhe:

- Effetha! – que quer dizer: Abra-te!

Imediatamente se lhe abriram os ouvidos e soltou-se-lhe a prisão da língua, e falava corretamente. Jesus, porém, o proibiu de que o dissessem a pessoa alguma; mas, quanto mais lhos proibia, tanto mais o divulgavam.

Cheios de pasmo, diziam: "Faz bem todas as coisas; faz ouvir os surdos e falar os mudos". (Mc 7, 31-37).

O método de cura pela imposição das mãos já era largamente conhecido. Nesta ocasião, também rogaram a Jesus para que pusesse a mão sobre o surdo-mudo.

O Mestre poderia curar esse homem apenas pela palavra ou pela imposição da mão, mas, dessa vez, preferiu realizar um ritual diferente: pôs os dedos nos ouvidos do surdo-mudo e tocou-lhe a língua com saliva. Após esse ritual, ergueu os olhos ao céu, deu um suspiro e disse: "Effetha!" Nesse instante, a cura aconteceu.

A CURA DE MAIS OUTRO CEGO

Ainda é Marcos quem relata: *"Chegaram a Betsaida. Aí apresentaram a Jesus um cego, rogando que o tocasse. Jesus tomou o cego pela mão e o conduziu para fora da aldeia; tocou-lhe com a saliva os olhos, impôs-lhe as mãos e perguntou-lhe:*

- Enxergas alguma coisa?

Levantou ele os olhos e disse:

- Vejo andar homens como árvores.

Novamente lhe pôs Jesus as mãos sobre os olhos; então, se tornou penetrante a vista dele; ficou curado e distinguia nitidamente todas as coisas.

Mandou-o Jesus para casa com esta recomendação:

- Não entres na aldeia". (Mc 8, 22-26).

É interessante observar a maneira como Jesus curou este cego. Novamente usou uma espécie de ritual e a cura se completou por partes. O método usado pelo Mestre foi a saliva e a imposição das mãos. A recuperação da visão ocorreu em duas etapas imediatas: na primeira, a visão ainda estava um tanto turva e ele via os homens como árvores; no segundo momento, Jesus tornou a impôr as mãos sobre os olhos e a visão tornou-se penetrante, ficando completamente curado.

A CURA DOS DEZ LEPROSOS

Não foi somente a cura do cego, narrada acima, que aconteceu em dois momentos. Também o milagre dos dez leprosos, contado por Lucas, ocorreu em duas etapas.

Veja a história:

"De caminho para Jerusalém, passou Jesus entre a Samaria e a Galileia. Ao entrar em certa aldeia, saíram-lhe ao encontro dez leprosos. Pararam ao longe e bradaram:

- Jesus, Mestre, tem piedade de nós!

Ao vê-los, disse-lhes Jesus:

- Ide e mostrai-vos aos sacerdotes.

E aconteceu que, pelo caminho, ficaram limpos. Mas só um deles, vendo-se limpo, voltou atrás, louvando a Deus em altas vozes. Veio prostrar-se de face em terra, aos pés de Jesus, agradecendo-lhe. Era samaritano.

Perguntou-lhe Jesus:

- Não foram dez os que ficaram limpos? E os nove, onde estão? Não houve quem voltasse e desse glória a Deus, senão só este estrangeiro?

E disse-lhe:

– Levanta-te e vai; a tua fé te salvou". (Lc 17, 11-19).

Jesus realizou a cura desses dez leprosos pela palavra. Não proferiu palavras de cura, mas que significavam a cura, pois a apresentação aos sacerdotes, os únicos autorizados a dar atestado de cura da lepra, dava a entender que estavam curados, embora o fato não ocorresse naquele momento e sim durante a viagem. Enquanto se encontravam a caminho de Jerusalém, a fim de cumprirem a exigência legal, a lepra desapareceu.

A lepra era uma doença contagiosa incurável, por isso os leprosos deviam viver em lugares isolados a fim de não contaminarem a população. Se, porventura, alguém se considerasse curado dessa enfermidade, devia apresentar-se aos sacerdotes e estes lhe dariam o documento legal pelo qual poderia retornar ao convívio da sociedade.

Jesus refere-se, neste episódio, ainda, ao fato de só um dos curados ter retornado, ao ver-se limpo, para agradecer-lhe. E este, que retornou, era um samaritano, ou seja, um estrangeiro. Os filhos da casa não vieram agradecer, apenas o estranho, somente o estranho. Com razão, Jesus queixou-se da falta de consideração, de gratidão, e até mesmo de educação dos nove. Se você não tem o hábito de agradecer, é bom pensar no assunto.

A CURA DA MULHER ENCURVADA

Este fato é referido apenas pelo evangelista Lucas:

"Estava Jesus ensinando numa sinagoga, em dia de sábado. E eis aí uma mulher que, havia dezoito anos, tinha um espírito de enfermidade; andava encurvada, sem poder aprumar-se de todo.

Jesus, vendo-a, chamou-a a si e disse-lhe:

- Senhora, estás livre da tua enfermidade.

Impôs-lhe as mãos, e logo ela se aprumou, glorificando a Deus". (Lc 13, 10-17).

É mais uma cura pela imposição das mãos e pela palavra.

Há um detalhe que vem chamando muito a atenção. Em todas as curas, ou quase todas, a pessoa beneficiada sai dando glórias a Deus. Você viu, no caso do leproso, que ele voltou dando graças a Deus em altas vozes. Isto é uma constante. Significa que o agradecimento faz parte, como última etapa, da cura. Agradecer é confirmar a cura, além de revelar mente sadia, bem como coração sensível e bondoso, condições importantes para a saúde, uma vez que somente uma mente sadia produz um corpo sadio.

Dar glórias a Deus e agradecer são expressões visíveis de uma mente límpida, positiva, cheia de fé e saudável.

A CURA DE UM HIDRÓPICO

"Entrando Jesus, num sábado, em casa de um dos mais notáveis fariseus, para tomar a refeição, estavam eles a observá-lo.

Apareceu diante dele um homem hidrópico.

Perguntou Jesus aos doutores da lei e aos fariseus:

- É lícito curar em dia de sábado ou não?

Eles, porém, permaneceram calados. Então tomou Jesus o homem, curou-o e mandou-o embora". (Lc 14, 1-6).

Hidropisia, doença a que se refere este Evangelho, é acumulação de um líquido, semelhante ao soro, no tecido celular ou em alguma cavidade do corpo.

JESUS REIMPLANTA A ORELHA CORTADA

O último milagre de cura aconteceu pouco antes da prisão de Jesus.

Estava o Mestre no Jardim das Oliveiras, conversando com seus discípulos Pedro, Tiago e João, quando *"chegou um tropel de gente. Era noite. À frente ia Judas, um dos doze. Aproximou-se de Jesus e beijou-o.*

Disse-lhe Jesus:

- Judas, com um beijo atraiçoas o Filho do homem?

Quando os seus companheiros viram o que ia suceder, exclamaram:

- Senhor, vamos batê-los à espada?

E um deles vibrou um golpe contra um servo do príncipe dos sacerdotes e cortou-lhe a orelha direita.

- Deixai! Basta! – disse Jesus, e, tocando a orelha, curou-a." (Lc 22,49-52).

Digno de nota é verificar que a derradeira cura de Jesus foi realizada justamente em benefício de um homem, chamado Malco, que o fora prender. Sim, o homem estava no grupo que pretendia prender o Rabi.

JESUS CURA UM HOMEM DOENTE HÁ TRINTA E OITO ANOS

Agora estamos entrando no evangelho de João. Temos dele a seguinte narrativa:

"Ocorria uma festa dos judeus. Subiu Jesus a Jerusalém. Ora, há em Jerusalém, próximo à porta das ovelhas, uma piscina que em hebraico se chama Betesda. Tem cinco pórticos, nos quais jazia grande número de enfermos: cegos, coxos, tísicos, que esperavam pelo movimento da água. Porque, de tempo a tempo, descia à piscina um anjo e agitava a água; e quem primeiro descesse à piscina, para dentro da água agitada, saía curado, fosse qual fosse o seu mal.

Ora, achava-se aí um homem, doente havia trina e oito anos. Jesus, vendo-o prostrado e sabendo que desde longo tempo sofria, perguntou-lhe:

- Queres ser curado?

- Senhor – respondeu o enfermo – não tenho homem algum que me desça, quando se agita a água; e, enquanto vou, desce outro antes de mim.

Disse-lhe Jesus:

- Levanta-te, toma o teu leito e anda.

No mesmo instante, o homem ficou são, tomou o seu leito e pôs-se a andar.

Era, porém, sábado esse dia. Pelo que os judeus disseram ao que fora curado:

- É sábado, não te é lícito carregar o teu leito.

Respondeu-lhes ele:

- Aquele que me curou disse-me: Toma o teu leito e anda.

Perguntaram-lhe:

- Quem é esse homem que te disse: Toma o teu leito e anda?

Mas o que fora curado não sabia quem ele era; porque Jesus se retirara, por ser grande a multidão que lá estava.

Mais tarde, encontrou-o Jesus no templo e disse-lhe:

- Olha, que foste curado: não tornes a pecar, para que não te aconteça coisa pior.

Ao que, o homem se foi e comunicou aos judeus que era Jesus quem lhe restituíra a saúde". (Jo 5, 1-15).

Neste debate sobre a liceidade de curar em dia de sábado, vê-se claramente que a letra da lei valia mais do que o próprio ser humano. Jesus já havia corrigido esse equívoco, dizendo que o homem não foi feito para a lei, mas a lei foi feita para o homem. Quer dizer que a lei é uma forma de ajudar o homem a ter uma vida melhor. Como a cura era uma forma de melhorar a vida daquele doente, logo, a lei não poderia prejudicar esse ato de curar. É preciso que abramos os olhos, porque, até mesmo hoje em dia, em nome da lei, dos hábitos religiosos, dos costumes do ritual da religião, se sacrifica o benefício mental, físico e espiritual da pessoa.

Um dia, estava eu realizando um curso em Belo Horizonte. Ao final da jornada, celebrei missa no auditório, para cerca de três mil pessoas. Na hora da comunhão, uma pessoa me pediu a hóstia a fim de levá-la a uma senhora doente. Esta senhora fora fazer férias em Cabo Frio e apanhou uma doença que os médicos não conseguiam debelar. Todos os tratamentos se tornaram sem resultado e a situação da saúde daquela senhora piorava cada dia mais.

Aconteceu que, assim que essa senhora tomou a comunhão que lhe fora levada, ficou curada. Houve pessoas, no entanto, que se escandalizaram, recriminaram severamente o fato de ser dada a hóstia para uma pessoa levar em viagem, e ameaçaram de contar ao bispo.

Apenas se acalmaram diante do raciocínio

de que Jesus tinha aprovado o gesto da amiga e curara aquela senhora que o recebeu em comunhão, cheia de fé.

Outro aspecto a ser registrado nesse episódio é a recomendação de Jesus ao homem que fora curado: "Olha, não tornes a pecar, para que não te suceda coisa pior".

"Não tornes a pecar". Esta recomendação dá a entender que a doença daquele homem fora provocada pelos seus pecados, isto é, pelas desarmonias, por pensamentos, sentimentos ou emoções negativos. Talvez seja uma indicação de que Jesus também entendesse que a doença é provocada pela mente negativa da pessoa.

A CURA DO CEGO DE NASCENÇA

"Ao passar – narra João – deparou-se a Jesus um homem que era cego de nascença.

- Mestre – perguntaram-lhe os discípulos – quem pecou para ele nascer cego: ele ou seus pais?

- Nem ele nem seus pais pecaram; mas é para que nele se manifestem as obras de Deus. Temos de levar a efeito as obras de quem me enviou, enquanto é dia. Vem a noite, quando ninguém mais pode trabalhar. Enquanto estou no mundo, sou a luz do

mundo.

Dito isto, cuspiu na terra, fez um lodo com a saliva, untou com o lodo os olhos do cego e disse-lhe:

- Vai e lava-te no tanque de Siloé – que quer dizer "Enviado".

Foi, lavou-se e voltou vendo.

Disseram então os vizinhos e os que outrora o tinham visto mendigar:

- Não é este o mesmo que estava sentado a pedir esmolas?

- Sim, é ele – diziam uns.

Outros:

- Não é; apenas se parece com ele.

Ele, porém, declarou:

- Sou eu mesmo.

Então, lhe perguntaram:

- Como foi que se te abriram os olhos?

Respondeu ele:

- O homem que se chama Jesus fez um lodo, untou-me os olhos, e disse-me: Vai e lava-te no tanque de Siloé. Fui, lavei-me e vejo.

- Onde está o homem? - perguntaram-lhe.

- Não sei – respondeu.

Levaram então aos fariseus o homem que fora cego. Ora, era sábado quando Jesus fizera o lodo e lhe abrira os olhos. E novamente inquiriram dele os fariseus como é que recuperara a vista.

Disse-lhes ele:

- Pôs-me um lodo sobre os olhos, lavei-me e vejo.

Observaram então alguns fariseus:

- Esse homem não é de Deus, pois não guarda o sábado.

Outros, porém, diziam:

- Como pode um pecador fazer semelhantes prodígios?

E havia dissensão entre eles. Pelo que, tornaram a interrogar o cego:

- E tu, que dizes dele, pois que te abriu os olhos?

- É um profeta – respondeu ele.

Então os judeus não acreditaram mais que ele estivera cego e recuperara a vista enquanto não chamassem os pais do que fora curado.

Fizeram-lhe esta pergunta:

- É este vosso filho que dizeis ter nascido cego? Como é, pois, que agora vê?

Responderam os pais:

- Sabemos que este é nosso filho e que nasceu cego; mas de que modo agora vê é que não sabemos; tampouco sabemos quem foi que lhe abriu os olhos; interrogai-o a ele mesmo; tem idade para dar informações de si.

Assim falaram os pais, com medo dos judeus; porque já tinham os judeus decretado expulsar da sinagoga a quem o confessasse como sendo o Cristo. Por esta razão, disseram os pais: "Tem idade, interrogai-o a ele mesmo".

Ao que tornaram a chamar o homem que fora cego e disseram-lhe:

- Dá glória a Deus. Nós sabemos que esse homem é pecador.

Tornou-lhes ele:

- Se é pecador, não sei; uma coisa, porém sei: que eu era cego e agora vejo.

Inquiriram eles:

- Que foi, pois que te fez? Como te abriu os olhos?

- Já vo-lo disse – respondeu-lhes ele. – Não o ouvistes? Por que quereis ouvi-lo mais uma vez? Acaso quereis também vós ser discípulos dele?

Ao que, o cobriram de injúrias, dizendo:

- Discípulo dele sejas tu! Nós somos discípulos de Moisés. Sabemos que Deus falou a Moisés, mas quanto a esse tal, não sabemos donde vem.

- Pois é estranho – tornou o homem – que não saibais donde ele vem, quando me abriu os olhos. Ora, sabemos que Deus não atende os pecadores; mas quem teme a Deus e lhe cumpre a vontade, a esse é que atende. Desde que o mundo existe, nun-

ca se ouviu que alguém abrisse os olhos a um cego de nascença. Se este não fosse de Deus, não poderia fazer coisa alguma.

- Nasceste todo em pecados – revidaram-lhe eles – e pretendes dar-nos lições a nós?

E expulsaram-no.

Soube Jesus que acabavam de expulsá-lo e, encontrando-se com ele, perguntou-lhe:

- Tens fé no Filho do homem?

- Quem é, Senhor – respondeu o outro – para eu ter fé nele?

Tornou-lhe Jesus:

- Estás a vê-lo; quem fala contigo, este é.

- Tenho fé, Senhor! – exclamou ele, prostrando-se-lhe aos pés.

Disse Jesus:

- Para exercer juízo é que vim ao mundo, a fim de que os cegos vejam, e os que veem se tornem cegos.

Ouviram isto alguns dos fariseus que o cercavam e perguntaram:

- Porventura, também nós somos cegos?

- Se fôsseis cegos – respondeu-lhes Jesus – não teríeis pecado; mas, como afirmais: Nós vemos – subsiste o vosso pecado". (Jo 9,1-41).

Quando Jesus curou o homem que, há trinta e oito anos, jazia enfermo junto à piscina de

Betesda, disse-lhe: "Olha que foste curado: não tornes a pecar, para que não te aconteça coisa pior."

No caso deste cego de nascença, quando os discípulos perguntaram quem havia pecado: ele ou seus pais, por ter nascido assim, Jesus respondeu-lhes: "Nem ele nem seus pais pecaram; mas é para que nele se manifestem as obras de Deus".

No primeiro caso, tratava-se de um doente. A doença é produzida pela mente, por isso a recomendação de Jesus.

No segundo caso, tratava-se de um defeito de nascença.

Jesus descartou a possibilidade de ter sido uma cegueira provocada pelo homem ou pelos pais. Subsiste aqui a dificuldade de se encontrar a causa dos males que acontecem nos nascituros. Talvez a evolução da ciência possa trazer mais luz sobre este assunto. Deve-se, no entanto, ver nesta cura do cego uma grande verdade universal: tudo tem solução. Seja qual for o problema da criança que nasce, ela é imagem e semelhança de Deus, por isso, na sua essência, é perfeita. Quer nasça mongólica, ou paralítica, ou cega, ou surda, ou muda, ou com qualquer outro problema, tenham os pais a certeza de que, na sua essência divina, essa criança é perfeita. Não importa se aparentemente o problema seja insolúvel e irrecuperável. Se este cego de nascença fosse pensar neste detalhe, por certo não pediria a cura a Jesus, mas diria para si mesmo: Não adianta, o meu caso não tem solução, porque eu nasci assim. Jesus também não se preocupou em verificar a situação física e fisiológica do órgão para ver se era possível restabelecer a visão. Na sua verdadeira imagem, esse homem era perfeito, por isso era-lhe possível enxergar.

Outro aspecto digno de nota é que, também para a cura deste cego, Jesus quis cumprir um ritual: fez um lodo com a saliva, untou com o lodo os olhos do cego e disse-lhe: "Vai e lava-te no tanque de Siloé". Ele poderia simplesmente ter curado através da sua palavra, como o fez com tantas pessoas, mas preferiu usar este método. Uma coisa é certa: este ritual acendeu mais ainda a fé do cego.

A RESSURREIÇÃO DE LÁZARO

O último prodígio realizado por Jesus, antes de morrer, segundo o evangelista João, foi a ressurreição de Lázaro.

Viviam na cidadezinha de Betânia, perto de Jerusalém, três irmãos numa mansão agradável e rica. Eram Lázaro, Maria e Marta. Eles se aproximaram de Jesus, abraçaram a sua doutrina com entusiasmo e se tornaram grandes amigos pessoais do Mestre.

Sempre que Jesus passava por Betânia, hospedava-se na casa de Lázaro e entretinha-se em longas e profundas conversas com seus amigos.

Um dia, tudo foi diferente. Lázaro tinha morrido. Seu grande amigo já não existia mais. Na sua passagem por Betânia, Jesus encontrou apenas as duas irmãs chorando a morte do irmão.

Mas, deixemos que João narre o acontecimento:

"Estava doente um homem, chamado Lázaro, de Betânia, povoação de Maria e sua irmã Marta. Maria era a mesma que ungira Jesus com unguento e lhe enxugara os pés com os cabelos.

Estava, pois, doente seu irmão Lázaro. Pelo que as irmãs lhe mandaram dizer: "Senhor, eis que está enfermo aquele que amas."

Ouvindo isto, disse Jesus: "Esta enfermidade não é para a morte, mas é para a glória de Deus, para que por ela seja glorificado o Filho de Deus."

Ora, amava Jesus a Marta, sua irmã e a Lázaro. Entretanto, sabendo-o enfermo, deixou-se ficar ainda dois dias no lugar onde estava. Em seguida, disse a seus discípulos: "Voltemos para a Judeia".

- Mestre – disseram-lhe os discípulos – ainda há pouco queriam os judeus apedrejar-te, e vais lá outra vez?

Respondeu-lhes Jesus:

- Não são doze as horas do dia? Quem caminha de dia não tropeça, porque vê a luz deste mundo; mas quem caminha de noite tropeça, porque lhe falta a luz.

Assim dizia.

E acrescentou:

- Nosso amigo Lázaro dorme; mas vou para despertá-lo do sono.

- Senhor – acudiram os discípulos – se dorme, vai ser curado.

Jesus falara da morte dele; eles, porém, entenderam que se referia ao repouso do sono.

Pelo que Jesus lhes declarou abertamente:

- Lázaro morreu; e folgo por causa de vós de não ter estado presente, para que tenhais fé. Mas vamos ter com ele.

Disse, então, Tomé, cognominado o gêmeo, aos outros discípulos:

- Vamos também nós e morramos com ele!

Nesse diálogo entre Jesus e os seus discípulos, chama a atenção que novamente o Mestre se referia à morte usando o verbo dormir. Na ressurreição da filha de Jairo, eu falava que poderia ser uma forma de sugestionar a mente do falecido. Talvez se possa aplicar a mesma explicação para este caso, pois Jesus sabia, de antemão, que iria ressuscitar Lázaro: *"Esta enfermidade não é para a morte; mas é pela glória de Deus, para que por ela seja glorificado o Filho de Deus..." "Nosso amigo Lázaro dorme; mas vou para despertá-lo do sono."*

É claro que, já neste momento, Jesus se referia à morte, pois quando chegou em Betânia fazia quatro dias que Lázaro tinha morrido.

É de se perguntar: o que acontece com a alma de uma pessoa que morre e depois volta à vida? Permanece no corpo em estado cataléptico? Inconsciente? Sugestionável? Ou se retira do corpo? Neste caso, onde permaneceria: em torno do corpo ou em outro lugar?

O certo é que Lázaro havia morrido e Jesus o ressuscitou para a vida.

Mas, deixemos que João continue a contar:

"Ao chegar, Jesus o encontrou com quatro dias de sepultura. Betânia ficava perto de Jerusalém, distante uns quinze estádios. Muitos judeus tinham ido visitar Marta e Maria para as consolar da morte de seu irmão. Assim que Marta soube da chegada de Jesus, saiu-lhe ao encontro, enquanto Maria estava sentada em casa.

- Senhor – disse Marta a Jesus – se estiveras aqui, não teria morrido meu irmão. Mas também agora sei que Deus te concederá tudo que lhe pedires.

Respondeu-lhe Jesus:

- Teu irmão ressurgirá.

- Bem sei – tornou Marta – que ressurgirá na ressurreição do último dia.

Disse-lhe Jesus:

- Eu sou a ressurreição e a vida; quem tem fé em mim, viverá, ainda que tenha morrido; e todo aquele que em vida tem fé em mim não morrerá eternamente. Tens fé nisto?

- Sim, Senhor – respondeu-lhe ela – eu tenho fé em que tu és o Cristo, o Filho de Deus, que devia vir ao mundo.

Dito isto, retirou-se e foi chamar sua irmã Maria, dizendo-lhe baixinho: "Está aí o Rabi e chamate."

Ouvindo isto, levantou-se Maria com presteza e foi ter com ele; pois Jesus não entrara na povoação, mas achava-se no ponto em que Marta lhe saíra ao encontro.

Quando os judeus que com ela estavam em casa a consolá-la viram que Maria se levantava pressurosa e saía, cuidaram que fosse ao sepulcro chorar, e seguiram-na. Assim que Maria chegou onde estava Jesus e o viu, prostrou-se-lhe aos pés, dizendo:

- Senhor, se estiveras aqui não teria morrido meu irmão.

Vendo-a Jesus em pranto, e em pranto também os judeus que a acompanhavam, sentiu-se profundamente comovido e abalado, e perguntou:

- Onde o pusestes?

- Vem, Senhor, e vê – disseram-lhe.

E Jesus chorou.

Disseram então os judeus:

- Vede como ele o amava.

Alguns, porém, observaram:

- Não podia ele, que abriu os olhos ao cego de nascença, impedir que esse homem morresse?

Tornou Jesus a comover-se profundamente e foi ao sepulcro.

Era uma caverna com uma pedra sobreposta.

- Tirai a pedra – ordenou Jesus.

- Senhor – disse-lhe Marta, irmã do defunto – já cheira mal; está com quatro dias!"

Tornou-lhe Jesus:

- Não te disse eu que verás a glória de Deus, se tiveres fé?

Tiraram, pois, a pedra.

Jesus levantou os olhos ao céu e disse: "Pai, graças te dou, porque me atendeste; bem sabia eu que sempre me atendes, mas por causa do povo em derredor é que o disse, para que tenham fé que tu me enviaste".

Dito isto, bradou: "Lázaro, vem para fora!"

Saiu o que estivera morto, trazendo os pés e as mãos ligados com ataduras, e o rosto envolto num sudário.

Ordenou-lhes Jesus: "Desenleai-o e deixai-o andar."

Muitos dos judeus que tinham ido visitar Maria e presenciado o que Jesus fizera, creram nele.

Alguns deles, porém, foram ter com os fariseus e lhes contaram o que Jesus acabava de fazer. Pelo que os pontífices e os fariseus convocaram o conselho e disseram: "Que faremos? pois que esse homem faz tantos prodígios? Se o deixarmos nesse andar, acabarão todos por ter fé nele; e então virão os romanos e nos tirarão a nossa terra e a gente".

Um deles, porém, Caifaz, que era pontífice na-

quele ano, disse-lhes: "Vós não sabeis nada, nem considerais que é melhor para vós morrer um homem pelo povo do que perecer a nação toda". (João, 11,50).

Em toda a descrição deste fato percebe-se uma admirável lição de fé.

Para os discípulos, Jesus disse que folgava não ter estado presente na doença de Lázaro, por causa deles, para que tivessem fé. Na verdade, o prodígio da ressurreição de Lázaro seria uma força estupenda na fé dos discípulos.

Também, para Marta, afirmou o Mestre: "Eu sou a ressurreição e a vida; quem tem fé em mim, viverá, ainda que tenha morrido".

Muitos dos judeus, que presenciaram o acontecimento, acreditaram em Jesus.

Merece, no entanto, uma apreciação especial, dentro deste texto de João, a existência de pessoas que, mesmo vendo algo realmente gratificante, maravilhoso e divino, ainda assim procuram pretexto para condenar, diminuir e desfazer. Quase sempre em nome de uma lei ou de algo aparentemente correto: "Pelo que os pontífices e fariseus convocaram o conselho e disseram: "Que faremos? pois que esse homem faz tantos prodígios? Se o deixarmos nesse andar, acabarão todos por ter fé nele". Planejaram matá-lo. Mas, precisavam acalmar a consciência. Para tanto, assim argumentou Caifaz: "E então virão os romanos e nos tirarão a nossa terra e a gente". Eis aí o argumento aparentemente positivo para encobrir a maldade.

É preciso sempre buscar o lado bom de todas as coisas, a fim de não se correr o risco de cometer injustiças. Como dizia Jesus: "Vigiai e orai para não cairdes em tentação". A inveja sempre corrói as boas intenções. Como a mente normal é boa, justa e correta, a pessoa vai buscar um argumento qualquer que possa justificar a posição agressiva, contrária e maldosa.

É por isso que, em nome de Deus, até mesmo se mata. A ideologia religiosa é uma das piores formas de se cometer injustiça e condenação.

Nem Jesus foi poupado.

Mas, agora, dois mil anos depois, um novo mundo começa a surgir, um mundo no qual a inveja, o ódio, a malquerença e o negativismo perdem a razão de ser. Está sendo aberto o caminho da libertação. Libertação da mente, do corpo e do coração.

Desde o momento em que é descoberta cientificamente a Lei todo-poderosa da fé, que tudo alcança, não há mais nenhum motivo para o homem morder-se de invejas e de ódios. Basta usar esse Poder Divino em seu benefício e tudo virá.

Jesus não só deu uma admirável lição de poder divino, vencendo a morte, como deixou uma das mais lindas mensagens vivas de amor e de compaixão. Comoveu-se com a morte de seu amigo Lázaro e chorou diante das lágrimas de suas amigas Maria e Marta.

LUCAS TAMBÉM NARRA UMA RESSURREIÇÃO: DO JOVEM DE NAIM

"Seguiu viagem Jesus e chegou a uma cidade por nome Naim. Iam com ele seus discípulos e numeroso povo.

Ao aproximar-se da porta da cidade, levavam para fora um defunto, filho único de sua mãe, que era viúva; muita gente da cidade vinha com ela.

Vendo-a o Senhor, teve pena dela, e disse-lhe: "Não chores". Aproximou-se e tocou no féretro, e os que o levavam pararam.

Disse Jesus: "Moço, eu te digo, levanta-te!"

Sentou-se o que estivera morto e começou a falar.

E Jesus restituiu-o à sua mãe.

Aterraram-se todos e glorificaram a Deus, dizendo: "Apareceu entre nós um grande profeta, e Deus visitou o seu povo."

Correu a notícia disto por toda a Judeia e arredores". (Lc 7 11-47).

Mais um momento grandioso, e ao mesmo tempo profundamente humano, na vida de Jesus. Restituiu o jovem à sua mãe, viúva, que sofria intensamente a perda do filho único, amor e arrimo de sua vida.

Diante deste acontecimento extraordinário, o povo exaltou Jesus. No episódio da ressurreição de Lázaro, alguns, que se diziam entendidos, como os pontífices e fariseus, detentores da ordem vigente, ao invés de ver no prodígio da ressurreição a presença de um profeta de Deus, buscaram argumentos para o condenar. Aqui nesta ressurreição, só havia o povo, e o povo, de mente simples e clara, viu desde logo a presença de um grande profeta, de um enviado de Deus. Eis aí a diferença de mentalidades.

Bem-aventurados os limpos de coração, os positivos, os bons, porque esses estão com a verdade e veem a Deus.

"Se não vos tornardes como crianças, não entrareis no reino dos céus."

JESUS CURA AS DOENÇAS DA MENTE

Quando os evangelistas falam que Jesus expulsou espíritos malignos, que libertou endemoninhados, surge, diante da evolução das ciências que tratam da psique, a necessidade de uma análise de conceitos.

A palavra espírito é usada nos Evangelhos com vários significados. Em primeiro lugar, Jesus fala do seu próprio espírito:

"Farei descer sobre ele o meu espírito, e anunciarei a justiça aos povos". (Mt 12,18).

Dito isto, abalou-se Jesus em espírito, e protestou: "Em verdade, em verdade vos digo: Um de vós me há de entregar". (Jo 13,21).

Jesus conheceu logo, em espírito, os pensamentos deles". (Mc 2,8).

Em segundo lugar, o Mestre fala do espírito de Deus, que habita o seu íntimo: *"Cheio de um Espírito Santo voltou Jesus do Jordão e foi levado pelo espírito ao deserto". (Lc 4,1).*

"No poder do Espírito Santo, voltou Jesus para a Galileia, e sua fama correu por toda a redondeza. Ensinava nas sinagogas do lugar, e era glorificado por todos". (Lc 4, 14).

"Naquela hora exultou Jesus no Espírito Santo e disse: Glorifico-te Pai, Senhor do céu e da terra, porque ocultaste estas coisas aos doutos e entendidos, e as revelaste aos pequeninos". (Lc 10,21).

"Eis que se abriram os céus e viu o espírito de Deus, que descia em forma de pomba sobre ele..." (Mt 3,16).

Fala ainda o Mestre que toda a criatura humana tem espírito:

"Vigiai e orai para não cairdes em tentação; o espírito está pronto, mas a carne é fraca". (Mt 26,41).

"E então Jesus a tomou pela mão e bradou: "Menina, levanta-te!" Nisto voltou-lhe o espírito, e ela se levantou imediatamente". Refere-se este fato ao episódio da ressurreição da filha de Jairo. (Lc 8, 55).

Em certos momentos, Jesus tem falado do Espírito Santo em cada pessoa: "Se, pois, vós, apesar de maus, sabeis dar coisas boas aos vossos filhos, quanto mais vosso Pai celeste vos dará o Espírito Santo aos que lhe pedirem". (Lc 11, 12).

"Ele vos dará o Consolador... o Espírito da Verdade". (Jo 14, 15-17).

"Quando vos arrastarem às sinagogas e à presença de magistrados e autoridades, não vos deem cuidados o modo, nem as palavras com que responder, nem o que tiverdes de dizer; porque o Espírito Santo

vos ensinará na mesma hora o que deveis dizer". (Lc 12, 11-12).

Por essas e outras afirmações, talvez nós possamos dizer que todo ser humano é composto de corpo e espírito. O espírito é a Vida, que sempre é, em cada pessoa. Além disso, Jesus ensinou que o Pai habita o âmago do ser humano e quem encontra o Pai no seu interior, encontra também o Espírito Santo, a Sabedoria Infinita.

"Porquanto não sois vós que falais, mas o espírito de vosso Pai é que fala em vós". (Mt 10,20).

"Isabel, repleta do Espírito Santo, exclamou em altas vozes: "Bendita és tu entre as mulheres e bendito é o fruto do teu seio". (Lc 1, 42-43).

Jesus também usa a palavra espírito como força espiritual: *"As palavras que vos digo são espírito e vida – a carne nada vale."*

Para alguns tipos de enfermidades mentais Jesus e os discípulos usam a palavra espírito impuro, espírito maligno, demônio, espírito de enfermidade.

A palavra mente não era conhecida no vocabulário de Jesus. E menos ainda a palavra psique.

Jesus e o povo daquele tempo usavam muito a palavra espírito para diversas significações.

Aliás, atualmente também se usam algumas expressões com a palavra espírito, por exemplo, espírito do mal, espírito de porco, espírito do vinho, neste caso querendo explicitar a força alcoólica dessa bebida; espírito infantil, espírito de contradição, assim por diante.

Há expressões em que se usa o termo espírito para significar força vital. Essa força vital pode ser negativa ou positiva.

No Evangelho, quando uma pessoa estava atormentada psiquicamente ou dominada pela ação autômata do subconsciente, se dizia que essa pessoa estava tomada por um espírito maligno, ou por um espírito imundo, ou possessa. Era a linguagem da época. A terminologia da Bíblia nem sempre tem significado literal. Além disso, usa a linguagem da época, por isso pode ser mal interpretada. Quando Josué mandou parar o sol, o resultado obtido foi o desejado por ele, muito embora o sol, na verdade, não tivesse parado, porquanto é a terra que gira ao redor do sol e não vice-versa. Querer meter a ciência na linguagem bíblica quase redundou em condenação fatal a Galileu Galilei.

Um dia, Jesus falou:

"Eu vim para lançar fogo à terra – e quisera que já ardesse". (Lc 12,49). É claro que se trata de uma linguagem simbólica.

Noutra ocasião, disse o Mestre:

"Andai com os rins cingidos e lâmpadas acesas nas mãos". (Lc 12,35). Sem dúvida, Jesus não estava mandando toda gente carregar lâmpada acesa nas ruas, mas estava empregando linguagem metafórica.

No caso dos espíritos que dominavam certas pessoas, parece evidente que se tratava de doenças mentais ou psicossomáticas.

Vamos verificar caso por caso. De qualquer maneira, não cabia a Jesus oferecer uma explicação científica do mal que afligia as pessoas, mas curá-las. E foi isso que ele fez. Sua missão foi livrar os infelizes dos seus males, realizando o milagre da libertação. Quer seja uma a causa do fenômeno, ou outra, o que importava era curar, essa era sua admirável missão de misericórdia e de libertação.

A CURA DE UM POSSESSO

"Desceu Jesus a Cafarnaum – conta o evangelista Lucas – cidade da Galileia, e aí ensinava aos sábados. Pasmavam da sua doutrina, porque a sua palavra era poderosa.

Havia na sinagoga um homem possesso de um

espírito impuro. Pôs-se a gritar: "Fora! Que temos nós contigo, Jesus de Nazaré? Vieste para nos perder? Sei quem és: o Santo de Deus!"

Jesus ordenou-lhe: "Cala-te e sai dele!"

Ao que o espírito o arrojou em terra, no meio do povo, e saiu dele, sem lhe fazer mal.

Todos se encheram de estupefação e diziam uns aos outros: "Que palavra essa! Manda com grande autoridade aos espíritos impuros, e eles saem!"

E sua fama correu por todas as regiões circunvizinhas". (Lc 4, 31-37).

Este relato nos coloca diante de um fenômeno de paranormalidade. O homem estava em estado subconsciente, ou seja, dominado pelo subconsciente. Era um sensitivo desajustado. Como a mente consciente, que é a mente que comanda o raciocínio, estava em estado passivo e alienado, a imagem fixada no subconsciente daquele homem era a imagem que o dominava.

Eliphas Levi, 1810-1875, foi escritor francês, ocultista, com curso de filosofia e teologia eclesiástica, pois chegou ao diaconato católico. Assim se expressa sobre este assunto: "O pensamento humano cria aquilo que pensa... Quem evoca Satã deve, antes de tudo, pertencer a uma religião que mantenha a crença na existência de Satanás, como rival de Deus. Para recorrer a um poder é necessário que se creia nele. Tendo-se uma fé firme na religião de Satã, poder-se-á comunicar-se com esse pseudodeus."

E completou ele: "Aquele que afirma Satã, cria Satã".

Para ter uma ideia de como funciona a mente subconsciente nestes casos, recorde aqueles loucos que dizem que são Napoleão Bonaparte, César, Jesus Cristo e outros personagens mundiais. Tudo o que o subconsciente aceita como verdadeiro, reage de acordo.

Como naquela época a crença na possessão de espíritos impuros e malignos era uma crença generalizada entre o povo, as pessoas mediúnicas, em transe, eram facilmente sugestionadas quanto a isso e vivenciavam essa realidade.

Émile Coué, 1857–1926, foi notável e instigante psicólogo e farmacêutico francês, que introduziu métodos de psicoterapia, cura, e autotratamento baseados em autossugestão ou auto-hipnose. Escreveu: "Apoiada pela fé, a sugestão é uma força formidável."

Mas você poderá estar fazendo mais essa colocação: Como poderia o possesso saber que

Jesus era o Santo de Deus?

Muito simples: toda pessoa, a nível subconsciente, pode saber tudo sobre tudo e sobre todos.

Como esse possesso estava sugestionado dessa maneira, Jesus se serviu da mesma imagem vivenciada pelo homem, para libertá-lo do mal. A palavra poderosa, forte, convicta, de Jesus, teve o poder de mudar a mente desse infeliz, libertando-o definitivamente.

O POSSESSO DE GÉRASA

O evangelista Lucas narra ainda outro fato de possessão: *"Aproaram para o país dos gerasenos, que fica fronteiro à Galileia. Mal tinha Jesus saltado em terra, quando lhe veio ao encontro um homem da cidade possesso de demônios. Havia muito tempo que não vestia roupa, nem habitava em casa, mas nos sepulcros. Assim que avistou Jesus, prostrou-se diante dele com este grito estridente: "Que temos nós contigo, Jesus, Filho de Deus Altíssimo? Rogo-te que não me atormentes!"*

É que Jesus ordenava ao espírito impuro que saísse do homem. Desde largo tempo, o tinha em seu poder. Haviam-no já trazido preso, ligado com cadeias e grilhões; mas ele rompia e era impelido ao deserto pelo demônio.

- Como é teu nome? – perguntou-lhe Jesus.

- Legião – respondeu ele; porque eram muitos os demônios que nele tinham entrado. Pediram-lhe estes para que não os mandasse para o abismo.

Ora, andava pastando perto, no monte, uma grande manada de porcos. Rogaram-lhe que lhes permitisse entrar neles.

Jesus permitiu-lho.

Saíram, pois, do homem os demônios e entraram nos porcos; e a manada precipitou-se monte abaixo para dentro do lago, onde se afogou.

Vendo os pastores o que acabava de acontecer, fugiram e contaram o caso na cidade e no campo. Saiu a gente para ver o que tinha acontecido. Foram ter com Jesus e encontraram, sentado a seus pés, vestido e de juízo, o homem do qual tinham saído os demônios.

Encheram-se de terror.

Os que tinham presenciado o fato foram contar-lhes como o possesso fora curado. Ao que toda a população do país dos gerasenos lhe rogou que se retirasse do meio deles; porque estavam transidos de grande terror.

Embarcou, pois, e regressou.

O homem de quem tinham saído os demônios solicitou-lhe a permissão de ir com ele; Jesus, po-

rém, despediu-o com as palavras: "Volta para casa e conta quanto te fez Deus".

Retirou-se ele e foi apregoando em toda a cidade quanto lhe fizera Jesus". (Lc 8, 26-38).

O evangelista Mateus, ao narrar este fato, disse que eram dois os endemoninhados: "Chegou Jesus à outra margem, país dos gerasenos. Nisto lhe correram ao encontro dois endemoninhados, que saíam dos sepulcros. Eram tão furiosos que ninguém podia transitar por aquele caminho". (Mt 8, 29-34).

Marcos, ao relatar este episódio, diz que o homem era *"possesso de um espírito impuro... Ninguém o podia dominar. Sempre, de dia e de noite, andava pelos sepulcros e pelos montes, gritando e ferindo-se com pedras..." (Mc 5, 1-20).*

Vamos tentar compor o cenário: Este homem vivia isolado, solitário, no meio dos sepulcros, era furioso, gritava, perambulava pelos montes e feria-se com pedras. Quando o tentavam aprisionar, rompia as cadeias e os grilhões.

Eis aí o quadro muito claro de um demente abandonado à própria sorte. Há muitas espécies de demências. Existe também aquele que foge de casa e da sociedade e se abriga nos montes, cavernas e sepulturas. Esses solitários, como aconteceu com o geraseno, têm medo de serem aprisionados, agredidos e até matados pelo povo e pelas autoridades.

Marcos fala que esse homem estava "possesso de um espírito impuro."

Quando alguém está em estado de demência, esta pessoa já não é ela mesma, pois a sua identidade é caracterizada pela mente consciente e esta está em estado passivo, tendo deixado o comando da mente para o subconsciente, que se encontra em estado alterado negativo. É como se outra pessoa estivesse tomando conta. Daí a imagem tão usual na antiguidade de que pessoas assim estariam possessas do demônio. Hoje em dia, diante do avanço da ciência médica, mental e espiritual, diante das profundas descobertas oferecidas pela psicologia, psiquiatria e principalmente pela parapsicologia, bem como diante da própria evolução científica da religião, já a crença na possessão demoníaca está relegada ao passado. Nem mesmo o povo fala mais disso; em consequência, estão cada vez mais raros os casos de subconsciência em que a pessoa assume essa entidade. É que a sugestão desempenha papel essencial e a sugestão não funciona naquilo que uma pessoa não acredita.

Em compensação, hoje, mais do que nunca, proliferam casos de incorporação, isto é, casos em que a pessoa se julga tomada por um espírito desencarnado. Esta é uma crença muito difundida, porque a corrente principal do espiritismo, da umbanda, e outras, entendem que os fenômenos da paranormalidade são procedidos por espíritos desencarnados atuando em pessoas desequilibradas ou fracas espiritualmente.

Como o subconsciente não distingue entre imagem e realidade, apanha a imagem fixada profundamente pela crença, e aprofundada pelo fenômeno que produz uma realimentação da crença e da sugestão, e essa imagem criada de forma tão definitiva passa a tornar-se real na mente da pessoa.

A primeira coisa que fez o infeliz ao ver que Jesus se aproximava, demonstrando poder, segurança e força interior, foi pedir que não o atormentasse, ou seja, que não o prendesse e nem o surrasse, como outros o fizeram.

O nome de Legião não seria mais do que uma imagem ou crença fixada na mente do pobre coitado.

Por tudo o que se depreende desse fato,

tratava-se, na verdade, de um sensitivo totalmente desajustado, fora de si, quer dizer, fora da sua mente consciente.

Mas o homem, nas suas duas personalidades, reconheceu a presença de Jesus, o Filho de Deus todo-poderoso, que deu ordem para que a mente se limpasse definitivamente de todas as imagens negativas fixadas no subconsciente.

Por fim, Jesus determinou que todas as forças ou energias paranormais saíssem dele, o que aconteceu, produzindo aquela situação nos porcos.

Se você, no entanto, prefere acreditar na descrição literal dos evangelistas, tudo bem. É importante que se diga que a ciência tem muito a avançar nesse terreno. Com toda a certeza, para as coisas que hoje permanecem no mistério, amanhã serão descobertas leis e princípios que desvendarão a verdade. Assim vem acontecendo e assim continuará acontecendo. Não faz muitos anos que a maior parte dos fenômenos parapsicológicos eram atribuídos a forças sobrenaturais. Hoje, muitos desses fenômenos têm explicação científica natural, reconhecida pela ciência.

Merece menção aqui o comportamento ignorante do povo geraseno. Ao invés de agradecer a Jesus porque curou aquele infeliz, que vivia como animal por entre sepulcros e montes; ao invés de dar graças a Deus por ter-se livrado da ameaça constante daquele homem descontrolado, pois "ninguém podia transitar por aquele caminho"; ao invés de alegrar-se por ver o homem "sentado aos pés de Jesus, vestido e de juízo", foram pedir ao Mestre que se retirasse porque estavam transidos de grande terror. O medo, o pavor e o terror, diante de fenômenos gravados na mente das pessoas como de origem demoníaca ou de espíritos desencarnados inferiores, perturba o raciocínio e obscurece a mente.

Um dia, fui atender a um caso semelhante, numa região do interior gaúcho. Tratava-se de uma jovem que dizia ter o seu namorado – falecido recentemente – se incorporado nela, de tal forma que ela falava com a mesma voz do moço. Eu simplesmente disse que esse era um fenômeno bastante comum, em jovens sensitivas e instáveis emocionalmente, tratando-se apenas de um desequilíbrio mental passageiro, pelo qual a jovem entrava em transe e, nesse estado, vivenciava o ex-namorado. Disse para ela que nunca mais isso lhe aconteceria. Soube, posteriormente, que nunca mais a jovem tivera outra crise, mas a família mudou de residência. Era, sem dúvida, o medo de que a casa fosse assombrada ou povoada pelo espírito do ex-namorado falecido.

A CURA DO MENINO POSSESSO

"Ao descerem do monte, no dia seguinte – conta Lucas – veio-lhe ao encontro grande multidão de gente.

Clamou um homem do povo:

- Mestre, suplico-te que atendas ao meu filho, que é o único que tenho; apodera-se dele um espírito e fá-lo soltar gritos; atira com ele para cá e para lá, fazendo-o espumar; só a custo o larga e deixa-o todo exausto. Pedi a teus discípulos que o expulsassem, mas não o puderam.

Respondeu Jesus:

- Ó geração incrédula e perversa! Até quando estarei convosco e vos suportarei? Traze cá teu filho.

Enquanto ele vinha chegando, maltratava-o e agitava-o violentamente o demônio. Jesus ameaçou ao espírito impuro, curou o menino e restituiu-o a seu pai.

E todos se maravilhavam com a grandeza de

Deus." (Lc 9, 37-43).

Marcos conta um pouquinho diferente, dizendo que, enquanto o garoto era levado a Jesus, *"o espírito começou a agitar com violência o menino. Caiu por terra e se revolvia, espumando.*

Perguntou Jesus ao pai:

- Há quanto tempo lhe acontece isto?

- Desde pequeno – respondeu. - Muitas vezes dá com ele no fogo ou na água para o matar. Se puderes fazer alguma coisa, tem piedade de nós e ajuda-nos". (Mc 9, 14-29).

Aqui você pode ver uma clara descrição de epilepsia. Naquele tempo, como esta doença ainda não estava catalogada na ciência médica, era atribuída à ação de algum espírito. Hoje admite-se que todo epiléptico é um sensitivo. Por alguma razão negativa não há harmonia de ritmo no cérebro. É o cérebro que perturba a mente ou a mente que perturba o cérebro? O que foi que provocou essa situação epiléptica na pessoa? Qual a causa do ritmo anormal das ondas cerebrais?

Jesus curou de forma admirável dando ordem definitiva para que o espírito impuro deixasse o menino para sempre. Houve mais uma convulsão violenta, que deixou o garoto como morto – segundo a descrição de Marcos.

Jesus, então, o tomou pela mão, o levantou e ele se pôs de pé. Curado. Definitivamente curado. A ação curadora do Mestre foi sábia, firme e poderosa. A epilepsia é uma ação subconsciente que deixa a pessoa em estado subconsciente. Neste estado, Jesus, cuja presença já era a própria imagem do Poder Divino entre o povo, e foi por isso que aquele pai o procurou, deu a ordem curadora ao "espírito subconsciente", ao eu-inferior do menino, e a cura aconteceu de imediato. Eis aí mais um milagre admirável de Jesus, curando um doente considerado incurável, na época.

CURAS À DISTÂNCIA

Jesus realizou também curas à distância. Para a energia espiritual, expressada pela palavra, pelo pensamento, pelo desejo, pela ordem, não existe diferença de distância, nem de espaço e nem de tempo.

Tanto Jesus, como seus seguidores, curaram à distância.

E também hoje em dia acontecem curas à distância.

A CURA DA FILHA DA MULHER CANANEIA

"Partindo Jesus daí – relata Marcos – dirigiu-se para o país de Tiro e Sidon. Entrou numa casa, e queria que ninguém o soubesse. Mas não pôde ficar oculto; porque uma mulher, que tinha uma filha possessa de um espírito impuro, assim que ouviu da presença dele, entrou e se lhe lançou aos pés. Era pagã, essa mulher, natural de Sirofenícia. Suplicou a Jesus que expulsasse de sua filha o demônio.

Respondeu-lhe ele:

- Deixa que primeiro se fartem os filhos; não convém tirar o pão aos filhos e lançá-lo aos cachorrinhos.

- Decerto, Senhor – replicou ela – mas também os cachorrinhos, debaixo da mesa, comem das migalhas dos filhos.

Disse-lhe Jesus:

- Ó mulher! Grande é a tua fé. Seja feito conforme teu desejo.

E a partir desta hora estava de saúde a sua filha. (Mc 7,24-30 e Mt 15,21-28).

Mateus precisou que a cura deu-se pela força todo-poderosa da fé. Não da fé da filha, porquanto esta estava longe e em estado subconsciente, mas da fé da mãe.

É indiscutível que mãe e filha permanecem sempre em nível de intercomunicação subconsciente. Jesus, então, produziu a cura na filha através do canal da fé existente na mãe.

Esta cura efetuada por Jesus, à distância, foi de uma doença mental.

A CURA DO SERVO DO CENTURIÃO

"Acabava Jesus de entrar em Cafarnaum, quando se lhe apresentou um centurião com esta súplica:

Senhor, tenho em casa um servo que está de cama com paralisia e sofre grandes tormentos.

Respondeu-lhe Jesus:

- Irei curá-lo.

Tornou-lhe o centurião:

- Senhor, eu não sou digno de que entres em minha casa; mas fala tão-somente ao Verbo, e meu servo será curado. Pois, também eu sou homem sujeito a outrem e tenho soldados às minhas ordens; e digo a um: "Vai acolá!" E ele vai; e a outro: "Vem cá!" e ele vem; e a meu servo: "Faze isto!" E ele o faz.

Ouvindo isto, admirou-se Jesus, e disse aos que

o acompanhavam:

- Em verdade, vos digo que nem em Israel encontrei tão grande fé! Declaro-vos que muitos virão do oriente e do ocidente, e sentar-se-ão à mesa, no reino dos céus, com Abraão, Isaac e Jacó, ao passo que os filhos do reino serão lançados às trevas de fora; aí haverá choro e ranger de dentes.

E disse Jesus ao centurião:

- Vai-te, e faça-se contigo de acordo com tua fé.

Na mesma hora, o servo recuperou a saúde". (Mt 8,5-13).

Admirável, neste episódio, é a fé do centurião. Para este homem, que nem sequer pertencia à religião judaica, bastava Jesus proclamar a cura aí mesmo e ele tinha certeza de que seu servo ficaria curado. Se fosse outra pessoa, talvez tivesse aceitado prazerosamente que Jesus fosse à sua casa, como garantia da cura. O centurião, no entanto, era um homem humilde de coração, simples de sentimento e forte na fé, tanto que Jesus exclamou: "Em verdade, vos digo que nem em Israel encontrei tão grande fé."

A cura processou-se no mesmo instante em que Jesus dissera: "Vai-te e faça-se contigo de acordo com tua fé!"

A CURA DO FILHO DE FUNCIONÁRIO REAL

"Passados dois dias – relata João – partiu Jesus a caminho da Galileia. Jesus mesmo deu testemunho de que um profeta não é estimado em sua pátria.

Chegando à Galileia, receberam-no de boa mente os galileus, porque tinham visto tudo o que fizera em Jerusalém, por ocasião da festa, pois também eles haviam comparecido à solenidade.

Chegou, pois, novamente a Caná da Galileia, onde convertera água em vinho.

Ora, havia em Cafarnaum um funcionário real cujo filho jazia doente. À notícia de que Jesus regressara da Judeia para a Galileia, foi ter com ele, suplicando-lhe que descesse e lhe curasse o filho; porque estava prestes a morrer.

Respondeu-lhe Jesus:

- Vós, quando não vedes sinais e prodígios, não credes.

- Senhor – rogou o funcionário real – desce antes que meu filho morra.

Tornou-lhe Jesus:

- Vai, que teu filho vive.

Creu o homem na palavra que Jesus lhe dissera e partiu. E, de caminho para casa, vieram-lhe ao encontro os criados com a notícia de que seu filho vivia. Informou-se ele da hora em que começara a melhorar; ao que lhe disseram: "Ontem, à uma hora, a febre o deixou." Reconheceu o pai que era à mesma hora em que Jesus lhe dissera: "Teu filho vive". E acreditou ele com toda a sua casa". (Jo 4, 43-54).

Nesta cura à distância é de se ressaltar a fé absoluta do pai.

CAPÍTULO 5

MÉTODOS DE CURA USADOS POR JESUS

"Pedi e dar-se-vos-á;
procurai e achareis;
Batei e abrir-se-vos-á.
Pois, todo aquele que pede recebe;
Quem procura acha;
e a quem bate abrir-se-lhe-á".
(Mt 7,7-12).

Jesus é reconhecidamente o maior curador de todos os tempos. Realizava as curas instantaneamente, não importando a gravidade da doença.

Embora invocando sempre o mesmo Poder Interior, emanado do Pai, com quem se sentia uno, usava diversos métodos de cura.

Os métodos eram vários, mas o processo de cura sempre o mesmo: a fé.

A CURA PELA PALAVRA

Quando Jesus entrou em Cafarnaum, cidade situada à margem do Lago de Genezaré, apresentou-se a ele um centurião pedindo que curasse seu servo, que jazia em casa com paralisia e sofrendo de grandes tormentos. Jesus disse que iria curá-lo, mas o centurião retrucou: "Senhor, eu não sou digno de que entres em minha casa; mas fala tão somente ao Verbo, e meu servo será curado". (Mt 8, 5-13).

Por essas palavras, o centurião acreditava no poder da palavra de Jesus. "Fala tão-somente ao Verbo". O Verbo é a Palavra.

Na verdade, Jesus curou o servo desse oficial romano pela palavra, e à distância, dizendo ao centurião: "Vai-te e faça-se contigo de acordo com tua fé!" E na mesma hora o servo recuperou a saúde. (Lc 7,1-10).

Todas as curas de doenças mentais o Mestre as realizava pelo poder da palavra.

O evangelista Mateus assim escreveu sobre Jesus: *"Ao anoitecer trouxeram-lhe grande número de endemoninhados; e ele expulsava os espíritos com uma palavra e curava todos os enfermos". (Mt 8, 14-17).*

Um dia, Jesus embarcou e passou à outra

margem do lago. Estava numa casa e a multidão se aglomerava ao redor da residência, de tal forma que para lhe levarem um paralítico tiveram que abrir o teto e por aí fizeram o paralítico descer diante de Jesus.

Ao final da conversa, disse Jesus ao paralítico: *"Levanta-te, carrega o teu leito e vai para casa!" Levantou-se ele e foi para casa. (Mt 9, 1-8).*

Também a esse paralítico Jesus o curou pela palavra.

Ao levarem um surdo-mudo para que Jesus curasse, depois de lhe pôr os dedos nos ouvidos e tocar-lhe a língua com a saliva, levantou os olhos ao céu, deu um suspiro e disse ao surdo-mudo: "Effetha!" que quer dizer abre-te. (Mc 7, 31-37). Diante desta palavra de ordem, conta Marcos, abriram-se-lhe os ouvidos e soltou-se-lhe a língua e falava corretamente.

Para o cego de Jericó, perguntou Jesus:

- Que queres que eu te faça?

- Mestre – suplicou o cego – faze com que eu veja!

- Vai! que a tua fé te curou – disse-lhe Jesus e, no mesmo instante, via, e o foi seguindo pelo caminho. (Mc 10, 46-52).

Diante do féretro em que se encontrava morto um jovem, filho único de uma viúva, disse Jesus: "Moço, eu te digo, levanta-te!" Levantou-se o que estivera morto e começou a falar. (Lc 7, 11-47).

O doente que, há trinta e oito anos jazia junto da piscina de Betesda, à espera da chance de tocar por primeiro as águas quando viesse o anjo do Senhor agitá-las, também foi curado pela palavra de Jesus.

- Queres ser curado? – perguntou o Mestre.

- Senhor – respondeu o enfermo – não tenho homem algum que me desça quando se agita a água; e, enquanto vou, desce outro antes de mim.

Disse-lhe Jesus:

- Levanta-te, toma o teu leito e anda.

No mesmo instante, o homem ficou são, tomou o seu leito e se pôs a andar. (Jo 5, 1-15).

A ressurreição de Lázaro também aconteceu pelo poder da palavra: "Lázaro, vem para fora!"

E Lázaro voltou à vida. (Jo 11,38-44).

A CURA PELA IMPOSIÇÃO DAS MÃOS

Jesus entrou na casa de Pedro e encontrou

a sogra dele de cama, com febre.

Tomou-a pela mão, e a febre a deixou; levantou-se ela e o foi servindo. (Mt 8, 14-17).

A mão é reconhecidamente a parte do corpo que melhor capta e que melhor transmite energias físicas, mentais e espirituais.

Em todos os rituais e religiões existe a cerimônia da imposição das mãos, para conferir poder e autoridade, assim como também para a cura. Povos antigos, e até mesmo tribos primitivas, usavam a imposição de mãos. A parapsicologia aplica esse método para transmitir energias.

Também no mundo de hoje a imposição das mãos é feita com frequência: veja os cumprimentos de mão, o passar a mão carinhosamente na cabeça, os abraços, os carinhos. São formas agradáveis de transmitir energias. Até pouco tempo, os pais abençoavam os filhos impondo as mãos na cabeça.

Jesus usou muito esse método e o ensinou aos seus discípulos, que também continuaram a curar pela imposição das mãos.

Às vezes, as pessoas que iam pedir alguma cura a Jesus suplicavam que ele impusesse as mãos, como aconteceu, por exemplo, com o magistrado que implorou a Jesus para que ressuscitasse sua filha que acabava de morrer: "Minha filha acaba de morrer; mas vem, põe tua mão sobre ela e ela viverá!"

Jesus foi à casa do magistrado, tomou a menina pela mão, e ela se levantou. (Mt 9, 18-26).

Mateus narra o fato da cura milagrosa dos dois cegos de Jericó, dizendo: "Jesus teve pena deles e tocou-lhes os olhos. E no mesmo instante viam, e o foram seguindo." (Mt 20, 29-34).

Ao chegar a Nazaré, diante da incredulidade daquele povo, conta Marcos, não lhe foi possível realizar nenhuma obra poderosa; apenas curou alguns doentes, impondo-lhes as mãos. (Mc. 6,1-6).

Um dia, conta ainda Marcos, trouxeram a Jesus um surdo-mudo e lhe rogaram pusesse a mão sobre ele. (Mc 7, 31-37).

Ao chegar a Betsaida, apresentaram a Jesus um cego, rogando que o tocasse.

Jesus tocou-lhe com saliva os olhos, impôs-lhe as mãos e perguntou-lhe:

- Enxergas alguma coisa?

Levantou ele os olhos e disse:

- Vejo andar homens como árvores.

Novamente, lhe pôs Jesus as mãos sobre

os olhos; então, se tornou penetrante a vista dele; ficou curado e distinguia nitidamente todas as coisas. (Mc 8,22-26).

A CURA PELAS MÃOS E PELA PALAVRA

Na maior parte das vezes o Mestre servia-se dos dois métodos juntos: a imposição das mãos e a palavra.

Certa vez, ao descer do monte, veio um leproso e se lhe prostrou aos pés com estas palavras:

- Senhor, se quiseres podes tornar-me limpo!

Estendeu Jesus a mão, tocou nele e disse:

- Eu quero, sê limpo!

E, no mesmo instante, ficou limpo da lepra. (Mt 8,1-14).

Quando dois cegos se acercaram de Jesus e lhe pediram a cura, lhes tocou os olhos e disse: "Faça-se convosco conforme a vossa fé!"

E abriram-se-lhes os olhos. (Mt 9, 37-31).

Mateus narra que, certo dia, apresentaram a Jesus umas crianças para que sobre elas pusesse as mãos e orasse. Jesus "pôs sobre elas as mãos, e partiu daí". (Mt 19, 13-15).

Quando Jesus ressuscitou a filha de Jairo, tomou-a pela mão e disse-lhe: "Talitha, cumi!" – o que quer dizer: "Menina, eu te ordeno: levanta-te!" (Mc 5, 21-43).

O evangelista Lucas relata que levaram a Jesus uma mulher encurvada, que sofria há dezoito anos.

"Jesus chamou-a a si e disse-lhe: "Senhora, estás livre da tua enfermidade". Impôs-lhe as mãos, e logo ela se aprumou, glorificando a Deus". (Lc 13,10-17).

CAPÍTULO 6

A FÉ É O MAIS PODEROSO MÉTODO DE CURA

"Vai e faça-se contigo
conforme a tua fé"
(Mt 8,13).

Com certeza, pode-se dizer que a revelação mais impressionante transmitida por Jesus à humanidade foi a Lei todo-poderosa da fé.

No campo da energia – a fé é uma força mais poderosa que as energias nucleares já descobertas.

No campo do poder – religião alguma descobriu poder maior do que a fé.

No campo da saúde – jamais a medicina inventou um método de cura mais poderoso e instantâneo do que a fé.

A fé tudo pode.

A fé remove montanhas.

A fé produz milagres.

A fé cura todas as doenças, até mesmo as consideradas incuráveis.

A fé torna possível o impossível.

Jesus foi o primeiro sábio que ensinou ao mundo a Lei da Fé.

Ele estava tão ciente do legado extraordinário que deixaria à humanidade, que passou seus três anos de vida pública usando e ensinando o poder da fé.

Tratava-se de algo tão estupendo, tão acima da compreensão das mentes, que, até hoje, muitos não admitem essa possibilidade. Alguns aceitam que alguma coisa se possa conseguir pela fé, mas nem tudo.

Quando falo da força todo-poderosa e infalível da fé, muitos religiosos e teólogos entendem que estou exagerando. Neste caso, estão corrigindo Jesus.

O grande Mestre nunca foi tão claro como quando ensinou sobre a fé.

JESUS FALA SOBRE A FÉ

Em Mateus, o Rabi diz que quem tem fé

não precisa andar aflito sobre o dia de amanhã, nem sobre o que há de comer e de vestir.

"Se Deus, pois, veste assim a erva do campo, que hoje existe e amanhã é lançada ao forno, quanto mais a vós, homens de pouca fé". (Mt 6, 25-34).

Uma das mais claras preleções sobre a fé está nestas palavras de Jesus:

"Pedi e dar-se-vos-á;
procurai e achareis;
batei e abrir-se-vos-á;
pois, todo aquele que pede recebe;
quem procura acha;
e a quem bate abrir-se-lhe-á.

Haverá entre vós quem dê a seu filho uma pedra, quando lhe pede pão? Ou quem lhe dê uma serpente, quando lhe pede peixe?

Se, pois, vós, que sois maus, sabeis dar coisas boas a vossos filhos, quanto mais vosso Pai que está nos céus dará coisa boa àqueles que lha pedirem". (Mt 7, 7-12).

Aqui Mateus coloca na boca de Jesus a síntese da fé: Pedi e Recebereis.

A CURA PELA FÉ

Certa vez, veio um centurião pedir a Jesus para curar seu criado muito querido, que estava de cama com paralisia, padecendo grandes tormentos. A fé do homem era tão grande que dizia a Jesus que nem precisava ir até sua casa, mas bastava dizer uma palavra e seu servo ficaria curado. Jesus, admirado de tão grande fé, disse-lhe: "Vai-te, e faça-se contigo de acordo com tua fé". Na mesma hora o criado recuperou a saúde.

Mateus conta que uma mulher, que sofria de fluxo de sangue, gastara toda a sua fortuna com médicos e estes nada puderam fazer para debelar o mal. Ao passar Jesus, cercado por uma multidão de pessoas, a mulher viu aí a grande oportunidade de curar-se; e pensava consigo mesma, enquanto enfrentava a multidão para se aproximar do Nazareno: "Se lhe tocar sequer o manto, serei curada". Quando conseguiu tocar o manto do Mestre, ficou instantaneamente curada. Jesus voltou-se para ela e disse: "Tem confiança, minha filha, a tua fé te curou!" (Mt 9, 18-26).

Veja aí o poder curador da fé. Há doze anos que a mulher sofria de um fluxo de sangue. Era hemorroíssa. Gastara tudo o que tinha e nenhum médico conseguiu curá-la. No entanto, bastou tocar o manto de Jesus e ficou imediatamente curada. Pode a medicina explicar essa cura? Existe na medicina remédio mais poderoso e instantâneo que a fé?

PELA FÉ TUDO É POSSÍVEL

No capítulo dezenove de Mateus, Jesus fala: "Para os homens é isto impossível; mas a Deus tudo é possível".

Numa certa madrugada, Jesus teve fome e se dirigiu, com seus discípulos até uma figueira para colher frutos. Nada havia. Jesus, então, amaldiçoou a figueira, que secou. Diante da estupefação dos discípulos, o Mestre lhes disse:

"Em verdade, vos digo que, se tiverdes fé e não vacilardes, não somente fareis o que sucedeu à figueira; mas, se disserdes a este monte: Sai daqui e lança-te ao mar – assim acontecerá. Tudo o que pedirdes com fé, na oração, alcançá-lo-eis!" (Mt 21, 12-17).

Este é um momento tão grandioso e profundo nos ensinamentos do Cristo, que prefiro narrar o mesmo episódio também pela boca de Marcos.

Ao ver que a figueira não produzira frutos, Jesus a amaldiçoou: "Nunca jamais alguém coma frutos de ti!" E Marcos continua contando, a seu modo: *"Quando, na manhã seguinte, passa-*

ram pela figueira, viram que secará até a raiz. Ao que Pedro, recordando-se, lhe disse:

- Olha, Mestre, secou a figueira que amaldiçoaste.

Respondeu-lhe Jesus:

- Tende fé em Deus. Em verdade, vos declaro que, se alguém disser a este monte: Sai daqui e lança-te ao mar; e, se não duvidar em seu coração, mas crer firmemente na realização da sua palavra – há de acontecer assim mesmo. Por isso vos digo: Crede firmemente que recebereis tudo quanto pedirdes na oração – e ser-vos-á dado." (Mc 11, 20-26).

A DEFINIÇÃO DE FÉ

"Crer firmemente na realização da sua palavra" – esta é a perfeita definição da fé, segundo Jesus. Esta afirmação foi apanhada pelo evangelista Marcos, como foi visto acima. (Mc 11, 20-26).

Ter fé é acreditar que a palavra produz a realidade do seu conteúdo.

Daí a verdade da Lei: Pedi e Recebereis. O pedido é a palavra que se transforma em realidade física.

Se você acreditar firmemente na realização da sua palavra – dizia Jesus – você tem poder de curar, de transportar montanhas, de alcançar o que quiser.

É a afirmação do Cristo: *"Crede firmemente que recebereis tudo quanto pedirdes na oração – e vos será dado!" (Mc 11,26).*

Jairo, chefe de uma sinagoga, fora ter com Jesus para que curasse sua filha que estava muito doente. Nisto, chegou gente da casa de Jairo para dizer-lhe que a filha acabava de morrer. Jesus, que entreouvira este recado, disse ao chefe da sinagoga: "Não temas; é só teres fé". É só teres fé.

E, de fato, Jesus fez a menina ressurgir da morte. (Mc 5, 21-43).

Veja você o poder incrível da fé. Seu filho morreu? "Não temas; é só teres fé". Por mais que se queira desperceber a grandiosidade desta passagem, fica sempre batendo na cabeça o poder estupendo, inimaginável, incompreensível, irresistível, infalível, incomensurável da fé.

"Não temas; é só teres fé!"

Você, que não consegue curar sequer sua dor de cabeça, já começou a medir o poder da fé?

"Quando ao poder – disse Jesus – quem tem fé tudo pode!" (Mc 9, 14-29).

"E estes sinais acompanharão aos que têm fé: em meu nome expulsarão demônios, falarão línguas novas, suspenderão serpentes e, se beberem algo mortífero, não lhes fará mal; porão as mãos sobre os doentes, e eles serão curados". (Mc 16, 15-18).

Jesus afirma que o poder da fé se estende à matéria, às plantas, aos animais, às pessoas, e a tudo. "Tudo que pedirdes". "Seja o que for que desejardes".

Quando o barco em que viajava Jesus com os discípulos estava correndo risco de ir a pique, devido à violência dos ventos e à agitação das águas do Mar da Galileia, tomados de pavor os discípulos acordaram Jesus que dormia tranquilamente na proa da embarcação, gritando: "Mestre! Mestre! Vamos a pique!"

Levantou-se Jesus e deu ordem ao vento e às águas revoltas. Acalmaram-se, e fez-se grande bonança. Disse, então, aos discípulos: "Que é da vossa fé?" (Lc 8, 22-25).

Certa vez, pediram os apóstolos a Jesus: "Aumenta-nos a fé".

Respondeu-lhes o Senhor: "Se tiverdes fé como um grão de mostarda, e disserdes a esta amoreira: Desarraiga-te e transplanta-te para o mar – obedecer-vos-á". (Lc 17, 1-8).

A FÉ TORNA VOCÊ UM OUTRO JESUS

Quando você lê os Evangelhos, fica empolgado com as maravilhas que Jesus fez.

E note que os Evangelhos relatam apenas alguns tópicos da vida do Mestre.

Por sinal, João o reconhecia, quando registrou, ao final do seu Evangelho: "Ainda muitas outras coisas fez Jesus. Se todas elas fossem escritas por miúdo – creio que nem caberiam no mundo os livros que se deveriam escrever". (Jo 21, 24-25).

Na verdade, os Evangelhos foram escritos muitos anos após Jesus.

Pelo que se sabe, o primeiro a escrever o evangelho foi Mateus, chamado também Levi, filho de Alfeu. Mateus era coletor de impostos e considerado sonegador pelos seus conterrâneos. Um dia, Jesus o viu, percebeu a grandeza da sua alma, e o convidou para segui-lo. Mateus o seguiu e se tornou um dos seus doze apóstolos.

Segundo estudos realizados, Mateus teria escrito o seu Evangelho por volta do ano 50 depois de Cristo. O segundo evangelista, de nome Marcos, que se dedicou à pregação ao lado do apóstolo Pedro, em Roma, escreveu o seu evangelho entre os anos 50 e 60 depois de Cristo. O terceiro evangelista é Lucas, médico de profissão e, consoante uma lenda, seria também pintor. Homem de cultura superior. Não foi apóstolo, mas acompanhou de perto Paulo e teria escrito o seu Evangelho em nome e no espírito de Paulo. Crê-se que Lucas escreveu o seu Evangelho por volta do ano 62 depois de Cristo.

O último Evangelho reconhecido oficialmente é o do apóstolo João, filho do pescador Zebedeu e de Salomé, parenta da mãe de Jesus. João também era pescador de Betsaida, situada sobre o Lago de Genezaré. Era o discípulo predileto de Jesus. Seu Evangelho dataria lá pelo ano 90 do primeiro século, quando o apóstolo já estava em idade avançada.

Com isto, quero dizer-lhe que os Evangelhos foram escritos muitos anos depois de Jesus. Com certeza, desde logo as pregações dos apóstolos e de seus sucessores foram sendo copiadas, nas regiões onde se formavam comunidades cristãs. Isso tornava mais viva e autêntica a história registrada pelos quatro evangelistas.

Entre as afirmações do Mestre, vou citarlhe a que eu considero como a mais extraordinária, transcrita do apóstolo João:

"Em verdade, em verdade vos digo:
Quem tem fé em mim
fará as obras que eu faço
e fará obras maiores que estas".
(Jo 14, 12-17).

Agora descanse a mente, por instantes, e comece a visualizar os milagres admiráveis de Jesus: a cura de doentes físicos e mentais; o domínio sobre as águas e os ventos; a multiplicação de pães e peixes; a capacidade de caminhar sobre as águas; o poder de transfigurar-se...

E Jesus completa: *"Tudo quanto pedirdes em meu nome, eu o farei, para que o Pai seja glorificado no Filho. Se me pedirdes em meu nome eu o farei". (Jo 14, 12-17).*

VOCÊ TAMBÉM PODE

Jesus, que conhecia perfeitamente todas as Leis e princípios universais, empregou-os em benefício da humanidade. Além disso, recomendou que todas as pessoas os usassem para a autorrealização.

Eu citava no capítulo anterior esta afirmação espantosa do Cristo:

"Em verdade, em verdade vos digo: Quem tem fé em mim fará as obras que eu faço e as fará ainda maiores que estas!" (Jo 14, 12-17).

João também cita Jesus, atribuindo-lhe estas palavras de valor incomensurável:

"Em verdade, em verdade, vos digo: Se pedirdes alguma coisa ao Pai em meu nome, vo-la dará. Até agora nada pedistes em meu nome. Pedi e recebereis – e será completa a vossa alegria". (Jo 16, 16-24).

Jesus não formulou o princípio científico pelo qual as forças interiores se manifestam e atuam sobre o mundo exterior, porque a humanidade não estava preparada para isso: "Muitas coisas tenho ainda que vos dizer, mas não as podeis suportar agora. Quando vier o Espírito da Verdade, iniciar-vos-á em toda a verdade... e anunciar-vos-á o que está por vir." (Jo 16, 5-15).

Ensinou à humanidade as condições de salvação e a cura dos doentes, mas os princípios que produzem esses resultados deixou para a ciência ir descobrindo à medida em que fosse evoluindo.

Jesus revelou a existência de poder, provou que funciona e ensinou como usá-lo sem limite algum:

"Se tu podes crer, tudo é possível àquele que crê".

"Seja o que for que desejardes, quando orardes crede que tendes alcançado e alcançareis". (Mc 11, 24) e (Jo 16, 16-24).

Esta foi a grande descoberta que Jesus legou à humanidade. Por este caminho, você atinge o nível de vida que deseja. Usando esta força, você alcança a saúde, a paz, o amor, a felicidade, a alegria, a bondade, a paciência e a capacidade de tolerância; usando esta força, você inaugura uma nova vida, tranquila e segura.

Atitudes perniciosas, como inveja, ódio, vingança, medos, complexos, roubos, assaltos, após o conhecimento do poder tornam-se obsoletos, já que pode atrair para si o similar do que vê de bom e maravilhoso nos outros.

SÓ DEPOIS DE DOIS MIL ANOS O MUNDO COMEÇA A ENTENDER

Somente agora, passados dois mil anos desde a revelação do Mestre, a humanidade começa a esboçar alguma aceitação do poder da fé. É por isso que estamos inaugurando uma nova era.

Embora ainda existam vozes que neguem ou diminuam o poder e o valor da mensagem de Jesus, mesmo entre teólogos e doutos, nem por isso a ciência deixará de chegar, algum dia, ao fundo da verdade ensinada pelo Nazareno.

Hoje, acostumado que está o homem a pensar e a deixar-se guiar pela mente consciente, que é a mente racional e analítica, não consegue abranger o alcance ilimitado do ensinamento de Jesus.

Ainda se usa muito a mensagem de Jesus apenas para formular sermões moralísticos, mas, na medida em que a humanidade evolui na ciência espiritual, haverá de desvendar o verdadeiro sentido das afirmações do Rabi. Logo, logo, chegaremos ao princípio científico do poder da fé. Este dia está se aproximando a olhos vistos. Não será o terceiro milênio a nova era de paz, de saúde, de alegria e de amor, anunciada por Jesus?

Tudo indica que estamos caminhando para o novo mundo desejado e pregado por ele.

A humanidade está se tornando apta para receber a Boa Nova na sua plenitude.

NASCE UM NOVO MUNDO

Quando se vê por toda parte o entusiasmo atual pelas ciências ocultas, por tudo que diz respeito ao poder da mente; quando se encontra nas prateleiras das livrarias uma gama cada vez mais crescente de literatura sobre parapsicologia, psicotrônica, bioenergética, psicobioenergética, meditação transpessoal, psicônica, pirâmides, esoterismo, seicho-no-ie, espiritualismo, carismática, assim por diante; quando se nota uma expectativa nunca vista sobre o que nos aguarda o terceiro milênio – deixa de ser crendice, superstição ou mera elucubração a esperança de que estamos inaugurando a mais linda era da humanidade.

Jesus sonhou com um novo mundo de amor.

Este mundo já está nascendo.

Somente agora, depois que o ser humano descobre os meios pelos quais alcança a paz, a felicidade, o amor, a alegria, a saúde, o bem-estar, a amizade, a abundância, a harmonia, e seu próprio sucesso pessoal, é que surge a perspectiva de um novo mundo de boa convivência, de fraternidade e de bem-estar.

CAPÍTULO 7

OS FENÔMENOS PARANORMAIS OU SOBRENATURAIS

"Enquanto orava,
mudou-se-lhe a expressão do semblante,
e as suas vestes
tornaram-se-lhe
de resplendente alvura".
(Mc 9,2-8).

Um dos fenômenos mais deslumbrantes, acontecido na vida de Jesus, que deixa fascinados todos os que estudam o poder da mente, foi o chamado fenômeno da transfiguração de Jesus.

Atualmente, fala-se muito em projeção astral, bilocação, levitação, como momentos grandiosos da dimensão humana.

Mas, a transfiguração de Jesus transcende em grandeza e maravilha a tudo que se viu até aqui.

O fato se deu quando Jesus subiu ao monte para orar.

A oração é um profundo estado de interiorização.

A energia da oração, quando atinge a força máxima e a mais elevada dimensão, pode produzir momentos de extraordinária manifestação física.

Em momentos transcendentais, Jesus retirava-se a um lugar solitário para seu contato com o Pai. Assim aconteceu no episódio da transfiguração.

A TRANSFIGURAÇÃO

Veja o que relata o evangelista Lucas:

"Tomou Jesus consigo a Pedro, Tiago e João, e subiu ao monte para orar.

Enquanto orava, mudou-se-lhe a expressão do semblante, e as suas vestes tornaram-se-lhe de resplendente alvura".

Mateus acrescenta que "seu rosto resplandecia como sol" e diz que as vestes eram brancas como a luz.

Marcos descreveu que as vestes de Jesus "res-

plandeciam em tanta alvura como nenhum lavandeiro da terra as poderia branquear."

Marcos continua contando assim: "Apareceu-lhes Elias, em companhia de Moisés, a falar com Jesus.

Então, tomou Pedro a palavra e disse a Jesus: "Mestre, que bom que é estarmos aqui! Vamos armar três tendas: uma para ti, outra para Moisés, outra para Elias".

Não sabia o que dizia, de tão aterrados que estavam.

Nisto, veio uma nuvem que os envolveu; e de dentro da nuvem uma voz clamava: "Este é o meu filho querido; ouvi-o!"

Quando olharam ao derredor, não viram mais ninguém, senão só Jesus com eles". (Mc 9, 2-8).

Por esta narração, percebe-se que o Cristo, enquanto orava, foi tomado de uma extraordinária luminosidade, que o envolveu totalmente, por isso os apóstolos, que lá estavam, descreviam que tinha vestes brancas como a luz, vestes resplendentes. E viram o rosto brilhar como o sol.

Que cena linda! Grandiosa!

Mais outro fenômeno extraordinário ocorreu no momento em que Jesus se transfigurava: Apareceram mais dois personagens, identificados como Elias e Moisés; Elias, o grande profeta, e Moisés, o libertador do povo eleito.

Elias e Moisés, duas figuras tão caras a Jesus. Os três conversaram entre si, enquanto os apóstolos permaneciam extasiados.

Pedro estava tão deslumbrado que queria armar três tendas, uma para Jesus, outra para Elias e outra para Moisés. Nem pensou nos seus companheiros e menos ainda em si.

"Que bom estarmos aqui!" – exclamou Pedro, inebriado de tanta felicidade.

Diz o Evangelho que Pedro nem sabia o que estava falando. Também, pudera! Diante de uma visão tão transcendental e estupenda, imagine como poderiam sentir-se Pedro e seus dois companheiros!

Eis que, então, algo mais extraordinário ainda aconteceu: *"Uma nuvem luminosa os envolveu e dentro da nuvem ecoou uma voz: "Este é o meu Filho amado, em quem pus a minha complacência; ouvi-o".*

Neste instante, os apóstolos caíram de face em terra, transidos de terror, conforme relata Mateus no capítulo dezessete.

E continua Mateus: "Jesus chegou-se a eles e os tocou, dizendo: "Levantai-vos e não temais".

Ergueram os olhos, e não viram ninguém se-

não só Jesus.

Enquanto iam descendo do monte, pôs-lhes Jesus este preceito: "Não digais a pessoa alguma o que acabais de ver, até que o Filho do homem tenha ressuscitado dentre os mortos". (Mt 17, 1-9).

Por que teria Jesus recomendado esse silêncio? Talvez porque outras pessoas não acreditariam e tachariam de mistificação. Ou, então, porque isso aconteceu com Jesus, não para promovê-lo e torná-lo mais venerável, mas apenas como um momento divino pessoal de elevado envolvimento sobrenatural.

JESUS CAMINHA SOBRE AS ÁGUAS

Outro fenômeno que empolga todas as pessoas que estudam os poderes mentais é a capacidade de levitação.

Levitação é um fenômeno que maravilha as pessoas. É a capacidade mental ou espiritual de dominar a matéria. É o poder de tornar-se mais leve que a matéria ou o poder de criar uma aura de tanta energia capaz de elevar o corpo.

Os evangelistas Mateus, Marcos e João, relatam um episódio extraordinário acontecido com ele: Caminhou sobre as águas do Lago de Genezaré.

Mateus conta assim: *"Sem tardança, impeliu Jesus a que embarcassem e lhe tomassem a dianteira para a outra margem, enquanto ele ia despedir o povo.*

Depois de despedida a multidão, subiu a um monte, a fim de orar, ele só.

Já era noite e ainda se achava aí sozinho.

Entrementes, andava o barco a meio caminho do lago e sofria violento embate das ondas, porque tinha vento contrário.

Por volta das três horas da madrugada foi Jesus ter com eles, caminhando sobre as águas.

Quando os discípulos avistaram-no a andar sobre as águas, perturbaram-se e gritaram, cheios de terror: "É um fantasma!"

Jesus, porém, se apressou a falar-lhes:

- Tende ânimo; sou eu, não temais!

- Senhor – exclamou Pedro – se és tu, manda que eu vá sobre as águas até onde estás!

- Vem – disse ele.

Pedro saltou do barco e caminhou sobre as águas em direção a Jesus.

Reparando, porém, no vento forte, teve medo – e começou a submergir.

E bradou:

- Senhor, salva-me!

De pronto, estendeu Jesus a mão, apanhou-o, e disse-lhe:

- Por que duvidaste, homem de pouca fé?

Embarcaram e cessou o vento. Os que estavam no barco vieram lançar-se aos pés de Jesus, dizendo:

- Tu és, realmente, o Filho de Deus!" (Mt 14, 22-23).

Eis aí um acontecimento incrível: Jesus caminhando sobre as ondas revoltas do Mar da Galileia.

É interessante notar que, tanto este fato quanto o da transfiguração, aconteceram quando Jesus estava a orar ou logo após a oração.

Caminhar sobre as águas – pense agora como teria sido.

Que coisa maravilhosa!

Tão fantástico, tão empolgante, que Pedro, o impulsivo, de imediato gritou para Jesus: "Senhor, manda que eu vá sobre as águas até onde tu estás."

Que coragem!

Que fé no poder de Jesus!

Enquanto Pedro, em estado de exaltação, gritava para que Jesus também o fizesse caminhar sobre as águas, quem sabe os demais discípulos estivessem apavorados com o perigo a que Pedro iria se expor.

- Está doido! - Poderia ter dito Bartolomeu.

- Impossível! Essa eu não acredito! – quem sabe, terá exclamado Tomé.

- Vai morrer afogado! – possivelmente teria gritado Filipe.

Mas, Pedro não se lembrava nem do vento forte, nem das ondas bravas que açoitavam o barco.

- Vem – disse-lhe Jesus.

Sem pensar duas vezes, Pedro saltou do barco e caminhou sobre as águas em direção a Jesus.

Caminhou sobre as águas. Conseguiu. Fenomenal!

Pedro estava caminhando sobre as águas... Inacreditável!

Os companheiros estavam boquiabertos.

Pedro, o rústico pescador, caminhava sobre as águas, como Jesus.

E as ondas estavam agitadas.

Mas, Pedro caminhava sobre as ondas...

Num momento, porém, olhou para baixo e tomou consciência do forte vento e da fúria do mar.

Assustou-se. Que perigo!

Pronto, esvaziou-se a força da fé e ele começou a submergir.

Só lhe restou, como último apelo, gritar por socorro para Jesus.

Jesus o apanhou.

Qual será a causa que possibilita uma pessoa caminhar sobre as águas?

Aí está descrito o acontecimento. Mas, você deve estar se perguntando: "Como pôde Pedro caminhar sobre as águas? Que tipo de força estranha permitiu, de um momento para outro, que ele realizasse esse fenômeno?

Foi pelo poder de Pedro ou de Jesus?

É claro que Jesus foi a fonte, o ponto de partida, que possibilitou a que Pedro fizesse assomar-lhe forças extraordinárias latentes em si.

E, no momento em que Pedro esvaziou essas forças, duvidando, temendo, o peso do seu corpo se fez natural e começou a afundar.

Jesus o segurou e repreendeu-lhe a falta de fé.

Para Jesus, conhecedor dos princípios que regem esses fenômenos, não havia dúvida quanto à causa do fracasso na experiência de Pedro: "Por que duvidaste, homem de pouca fé?"

A fé – esta é a potência mental e espiritual

que leva uma pessoa a dominar o corpo, o espaço e a matéria.

"Quanto ao poder, quem tem fé tudo pode" – falou, um dia, Jesus. (Mt 7,14-21). Já comentamos essa frase.

CAPÍTULO 8

PROFECIAS E PREDIÇÕES DO FUTURO

"Revelarei o que estava oculto desde a criação do mundo". (Mt 13,35).

Jesus foi, além de tudo, grande profeta.

Certa vez, após concluir uma profecia, exclamou: "Passarão o céu e a terra, mas não passarão as minhas palavras". (Lc 21, 33).

"Revelarei o que estava oculto desde a criação do mundo" – disse ele. (Mt 13,35).

"Caminhando à margem do Mar da Galileia, viu dois irmãos – Simão, por sobrenome Pedro, e seu irmão André – que lançavam a rede no lago, pois eram pescadores.

- Segui-me – disse-lhes – e vos farei pescadores de homens.

Deixaram eles imediatamente as redes e seguiram-no". (Mt 4, 17-22).

Esta profecia se cumpriu, pois Pedro e André se tornaram dois grandes apóstolos.

***

"Cuidado com os homens! Porque vos hão de entregar aos tribunais e açoitar-vos nas sinagogas. Por minha causa sereis levados à presença de governadores e reis, para dardes testemunho diante deles e dos gentios". (Mt 10, 16-25).

Esta profecia se cumpriu.

***

Segundo Mateus, Jesus previu desgraças para as cidades de Corozain, Betsaida e Cafarnaum. Lucas também relata as mesmas profecias.

***

"Disseram-lhe então alguns escribas e fariseus: "Mestre, quiséramos ver um sinal da tua parte."

Ao que ele respondeu: "Uma raça má e adúltera pede um sinal; mas não lhe será dado outro sinal senão o sinal do profeta Jonas; pois, do mesmo modo que Jonas esteve três dias e três noites nas entranhas do monstro marinho, assim há de o Filho do homem estar três dias e três noites no interior da terra". (Mt 12, 38-42). Marcos, em 8,11, e Lucas em 11,16, também falam em sinal do céu, mas Marcos fala que Jesus avisou que não daria nenhum sinal a essa raça má e adúltera; e, em Lucas, pode-se entender que o sinal são as obras realizadas por Jesus.

A profecia relatada por Mateus cumpriu-se, pois Jesus permaneceu morto três dias incompletos, ou seja, sexta, sábado e domingo.

Mateus volta ao assunto do sinal do céu no capítulo 16, versículo 14:

"E eu te digo que tu és Pedro e sobre esta pedra edificarei a minha Igreja, e as portas do inferno não prevalecerão contra ela". (Mt 16, 13-20).

Esta profecia se cumpriu: Pedro foi o primeiro Papa.

***

Relata Mateus: "Desde então, começou Jesus a declarar aos seus discípulos que tinha de ir a Jerusalém padecer muito da parte dos anciãos, escribas e sumos-sacerdotes e ser morto; mas, que ao terceiro dia havia de ressurgir." (Mt 16, 21-23). Marcos e Lucas falam também desta profecia.

Cumpriu-se.

***

"Porque o Filho do homem virá na glória de seu Pai, em companhia de seus anjos, e retribuirá a cada um segundo as suas obras. Em verdade, vos digo, entre os presentes há alguns que não provarão a morte sem que presenciem o advento do Filho do homem no seu reino." (Mt 16, 24-28).

Esta profecia ainda não se realizou e deixa obscuro o sentido da última frase.

***

Depois da maravilhosa cena da transfiguração de Jesus, diante de Pedro, Tiago e João, disse ele aos três discípulos prediletos: "Não digais a pessoa alguma o que acabais de ver, até que o Filho do homem tenha ressuscitado dentre os mortos." (Mt 17,1-9).

Esta profecia cumpriu-se.

***

"Da mesma forma, terá o Filho do homem que padecer da parte deles". (Mt 17,10-30).

Aconteceu.

***

"O Filho do homem vai ser entregue às mãos dos homens; hão de matá-lo; no terceiro dia, porém, ressurgirá". (Mt 17, 22-23).

Mateus continua dizendo que esta profecia encheu de tristeza os discípulos, ao passo que Marcos e Lucas anotaram que os discípulos não atinaram com o significado de tais palavras.

Esta nova predição da morte e ressurreição de Jesus se cumpriu.

***

Aqui Mateus relata a terceira predição do Nazareno sobre sua paixão e morte: "Partiu Jesus, com destino a Jerusalém. Pelo caminho, tomou de parte os doze e disse-lhes: "Eis que vamos a Jerusalém! O Filho do homem será entregue aos príncipes dos sacerdotes e aos escribas, que hão de condená-lo à morte e entregá-lo aos gentios para ser escarnecido, açoitado e crucificado; mas ao terceiro dia ressurgirá." (Mt 20, 17-19).

Marcos e Lucas também registram essa profecia. Lucas continua assinalando que "lhes era obscura essa linguagem, e não atinaram com o sentido das suas palavras." (Lc 18,31-34).

É digna de nota a precisão com que se realizaram as palavras dessa profecia. Jesus foi preso e entregue aos príncipes dos sacerdotes e aos escribas e anciãos, que o condenaram e o entregaram ao governador romano Pôncio Pilatos para que, como autoridade da Judeia, ele também o condenasse e o levasse à morte. Nas mãos dos soldados de Pilatos, Jesus foi escarnecido, açoitado e crucificado. Mas, ao terceiro dia, ressuscitou.

Cumprida integralmente a profecia.

"Jerusalém! Jerusalém! Que matas os profetas e apedrejas os que te são enviados! Quantas vezes tenho querido reunir os teus filhos assim como a galinha recolhe os seus pintinhos debaixo das asas – vós, porém, não quisestes! Eis que vos será deixada deserta a vossa casa! Pois declaro-vos que doravante já não me vereis até que digais: Bendito seja o que vem em nome do Senhor!" (Mt 23, 37-39) (Lc 13, 34-35).

Jerusalém, por assim dizer, condenou Jesus, que amava tanto aquele povo. Casa deserta seria o templo? Ou a destruição de Jerusalém pelo exército romano?

***

"Deixou Jesus o templo e foi embora. Então se chegaram a ele os seus discípulos e lhe chamaram a atenção para os edifícios do templo. Disse-lhes Jesus: "Vedes tudo isto! Em verdade, vos digo que não ficará aí pedra sobre pedra; será tudo arrasado".

Sentou-se então no monte das Oliveiras. E foram ter com ele os discípulos, a sós, e perguntaram-lhe: "Dize-nos quando acontecerão estas coisas, e qual será o sinal do teu advento, no fim do mundo". (Mt 24, 1-3).

A pergunta dos discípulos coloca Jesus diante de duas situações: a primeira, quando será arrasado o templo de Jerusalém; a segunda, qual será o sinal da vinda do Cristo no fim do mundo.

Quanto à destruição de Jerusalém e do templo, assim se manifestou o Nazareno: "Quando, pois, virdes reinar no lugar santo os horrores da desolação, de que falou o profeta Daniel – atenda a isto o leitor! – então fujam para os montes os que estiverem na Judeia; e quem se achar no telhado não desça para buscar alguma coisa em casa; e quem estiver no campo não volte para buscar o seu manto. Ai das mulheres que naqueles dias estiverem grávidas, ou com filhinho ao peito! Orai para que a vossa fuga não incida no inverno nem em dia de sábado. Então, sobrevirá uma tribulação tão grande como não tem havido igual desde o princípio do mundo até agora, nem haverá jamais. Se aqueles dias não fossem abreviados, não se salvaria pessoa alguma; mas aqueles dias serão abreviados em atenção aos escolhidos". (Mt 24, 15-22).

O evangelista Lucas, ao fazer, como Mateus e Marcos, as mesmas predições, conclui: "Jerusalém será calcada pelos gentios, até expirarem os tempos dos pagãos". (Lc 21, 20-24).

No ano de 66 depois de Cristo, houve uma

agitação em Jerusalém contra a dominação romana, que há mais de cem anos lá se estabelecera. Os judeus massacraram a guarnição romana em Jerusalém. O imperador Vespasiano mandou então o exército para lá, sob o comando de seu filho, o General Tito, que sitiou Jerusalém, e cortou totalmente o abastecimento de água e de alimentos. Já que a cidade era considerada inexpugnável, cercou-a com seu exército, de tal forma que todo aquele que tentasse fugir seria preso e queimado em fogueiras, para açaimar o horror dos que contemplassem do alto das muralhas. O cerco ocorreu em setembro do ano setenta depois de Cristo. Quando a resistência judaica cedeu, o exército tomou Jerusalém e, apesar da ordem de Tito para que se poupasse o templo, este foi arrasado e não sobrou pedra sobre pedra, tal como profetizara Jesus setenta anos antes. A duração do cerco sobre uma cidade sem água e sem comida produziu as tribulações mencionadas pelo Mestre.

É de se levar em conta que, quando foram escritos os evangelhos de Mateus, Marcos e Lucas, esses acontecimentos ainda não tinham se verificado. João escreveu depois o seu evangelho, mas nada fala sobre a destruição de Jerusalém, mesmo porque não cabia a ele fazer história, mas expor os ensinamentos de Jesus. Ou então, exilado na ilha de Patmos, não teria tomado conhecimento da tragédia.

Sobre a pergunta a respeito do fim do mundo, Jesus teria respondido: "Cuidado que ninguém vos iluda! Porque aparecerão muitos em meu nome, dizendo: Sou eu; e a muitos hão de enganar: Quando ouvirdes falar em guerras, não vos perturbeis; pois importa que assim aconteça; mas ainda não é o fim. Porque se levantará nação contra nação, e reino contra reino; haverá terremotos e fome, por toda a parte. Mas tudo isso não será senão o princípio das dores. Cuidado com vós mesmos! Por minha causa vos hão de entregar aos tribunais, açoitar-vos nas sinagogas e levar à presença de reis e governadores, em testemunho a eles. Primeiro será pregado o Evangelho a todos os povos.

Quando, pois, vos levarem aos tribunais, não vos preocupeis com o que tiverdes de dizer; mas dizei o que naquela hora vos for inspirado; porque já não sois vós que falais mas o Espírito Santo. Há de o irmão entregar à morte o irmão, e o pai ao filho; hão de os filhos revoltar-se contra os pais e tirar-lhes a vida. Por causa do meu nome é que sereis odiados de todos; mas quem perseverar até o fim será salvo."

E Marcos continua: "Naqueles dias sobrevirá tribulação tão grande como não tem havido igual, desde o princípio, quando Deus criou o mundo, nem haverá para o futuro. Se o Senhor não abreviasse aqueles dias, não se salvaria pessoa alguma; mas abreviou os dias em atenção aos escolhidos que elegeu.

Quando então vos disser alguém: "Eis, aqui está o Cristo: Ei-lo acolá!" – não acrediteis; porque aparecerão falsos Cristos e falsos profetas, que farão sinais e prodígios a ponto de enganar, possivelmente, até os escolhidos. Ficai, pois, alerta! Eis que vos ponho de sobreaviso.

Depois da tribulação daqueles dias escurecerá o sol, e a lua já não dará a sua claridade; as estrelas cairão do céu, e serão abaladas as energias do firmamento. Então se verá o Filho do homem vir sobre as nuvens com grande poder e majestade; enviará seus anjos, que ajuntarão os seus escolhidos dos quatro pontos cardeais, desde o mais extremo horizonte da terra até ao mais alto do céu.

Aprendei isto por uma semelhança tirada da figueira: quando os seus ramos se vão enchendo de seivas e brotando folhas, sabeis que está próximo o verão. Do mesmo modo, quando presenciardes estes acontecimentos, sabei que está às portas. Em verdade vos digo que não passará esta geração sem que tudo isto aconteça. O céu e a terra passarão mas não passarão as minhas palavras. Aquele dia, porém, e aquela hora ninguém os conhece, nem os anjos do céu, nem o Filho, mas tão-somente o Pai.

Ficai, pois, alerta! Vigiai. Porque ignorais quando chegará este momento. Acontecerá como a certo homem que saiu para empreender uma viagem. Entregou a casa a seus servos, marcando a cada um o competente serviço e recomendando vigilância ao porteiro. Alerta, pois! Porque não sabeis quando virá o dono da casa, se de tarde, se à meia-noite, se ao canto do galo, se de madrugada. Que não apareça de improviso e vos encontre a dormir.

O que vos digo a vós digo-o a todos: "Ficai alerta!" (Mc 13, 19-38).

Mateus escreveu que Jesus assinalou como época final dos tempos o aparecimento de falsos profetas, que farão grandes sinais e prodígios. Diz ainda que aparecerão sinais no sol, na lua, nas estrelas e serão abaladas as energias do firmamento... e virão os seus anjos, ao som vibrante da trombeta e ajuntarão os seus escolhidos dos quatro pontos cardeais, de uma extremidade do céu até outra". (Mt 24, 29-36). Continua Mateus: "Como foi nos tempos de Noé, assim há de ser quando vier o Filho do homem. Nos dias que precederam o dilúvio, a gente comia e bebia, casava e dava em casamento, até o dia em que Noé entrou na arca; e não atinaram até que veio o dilúvio e os arrebatou a todos. Bem assim há de ser por ocasião do advento do Filho do homem. De dois que se acharem no campo, um será admitido, e o outro deixado de parte; de duas mulheres que estiverem moendo no moinho, uma será admitida, e a outra deixada de parte. Alerta, pois! Porque não conheceis o dia em que virá Nosso Senhor. Atendei a isto: se o pai de família soubesse em que hora da noite havia de vir o ladrão, decerto vigiaria e não o deixaria penetrar em sua casa. Ficai, pois, alerta também vós; porque o Filho do homem virá numa hora em que não esperais". (Mt 24, 37-44).

Lucas põe na boca de Jesus estas profecias sobre o fim dos tempos: "Haverá sinais no sol, na lua e nas estrelas. Na terra, reinarão angústia e consternação entre os povos, por causa do confuso bramido das vagas do mar. Desfalecerão os homens de ansiosa expectação das coisas que virão sobre o mundo inteiro; porque serão abaladas as energias do firmamento. Então se verá o Filho do homem vindo sobre uma nuvem com grande poder e majestade. Quando, pois, começarem a suceder estas coisas, erguei-vos e levantai a cabeça; porque se avizinha a vossa redenção."

E Jesus propôs-lhes uma parábola: "Considerai a figueira e as demais árvores. Quando as virdes brotar, sabei que se aproxima o verão. Da mesma forma, quando virdes suceder isto, sabei que se aproxima o reino de Deus. Em verdade, vos digo que não passará esta geração sem que tudo isto aconteça." (Lc 21, 29-36).

Fazendo uma análise dessas profecias atribuídas a Jesus, vê-se que são obscuras, confusas e até mesmo contraditórias. Mais de cinquenta anos depois da revelação de Jesus, imagine-se a dificuldade que tiveram os biógrafos de registrarem as predições do Rabi. O correto seria a anotação literal na hora em que Jesus falava, porque, em se tratando de profecias, é por demais importante saber a ordem das frases, das palavras, das vírgulas, dos pontos.

Este complexo acervo de profecias registrado de forma semelhante por Mateus, Marcos e Lucas, por vezes confunde os fenômenos da destruição de Jerusalém com os fenômenos do fim do mundo; noutras situações dá a entender que o fim dos tempos seria muito breve, dentro dos cem anos seguintes, pois se dirige diretamente aos seus interlocutores e usa imagens da vida do tempo de Jesus, como tocar trombeta, mulher moendo no moinho, etc.

Quanto à proximidade dos acontecimentos, afirma: "Em verdade, vos digo que não passará esta geração sem que tudo isto aconteça."

Dá a entender que os seus próprios discípulos assistiriam ao fim do mundo: "Quando, pois, começarem a suceder estas coisas, erguei-vos e levantai a cabeça, porque se avizinha a vossa redenção... Alerta, pois, porque não conheceis o dia em que virá Nosso Senhor... Ficai, pois, alerta. Eis que vos ponho de sobreaviso..."

Para complicar mais a legitimidade do texto, este avisa que Jesus aparecerá, no fim dos tempos, dando inusitado espetáculo, em grande poder e majestade, sobre as nuvens.

Realmente esses relatos estão confusos e complicados. Podem até ser frutos de crenças posteriores ou confusão de copistas. Sabe-se lá. É de se notar que João, o apóstolo evangelista que escreveu o último dos quatro evangelhos, nada cita sobre essas profecias.

Mateus, no capítulo vinte e cinco, fala ainda sobre o juízo final, texto que aparece mais em forma de parábola do que de profecia.

***

"Sabeis que daqui a dois dias é a páscoa; então o Filho do homem será entregue para ser crucificado." (Mt 26, 1-5).

Aconteceu.

***

"Ao anoitecer, sentou-se Jesus à mesa com os doze. Durante a ceia disse:

- Em verdade, vos digo que um de vós me há de entregar.

Profundamente contristados, começaram eles a perguntar-lhe, um após outro:

- Acaso sou eu, Senhor?

Respondeu ele:

- Quem meter comigo a mão no prato, esse me há de entregar. O Filho do homem vai à morte, sim, conforme está escrito dele; mas ai do homem por quem o Filho do homem for atraiçoado! Melhor fora a esse homem não ter nascido.

Perguntou então Judas, o traidor:

- Acaso sou eu, Mestre?

Respondeu Jesus:

- É como disseste." (Mt 26, 17-25).

Nesta passagem, Jesus revelou que seria condenado à morte, que haveria um traidor e apontou o traidor. Marcos, Lucas e João também mencionaram esse fato.

Aconteceu.

***

"Disse Jesus aos discípulos:

- Esta noite serei a todos vós motivo de decepção; pois está escrito: Ferirei o pastor e dispersar-se-ão as ovelhas do rebanho. Mas, depois de ressuscitado, irei adiante de vós para a Galileia.

Disse então Pedro:

- Ainda que todos se decepcionarem de ti, eu nunca serei decepcionado.

Replicou Jesus:

- Em verdade, te digo que ainda esta noite, antes de o galo cantar, me hás de negar três vezes.

Pedro, porém, protestava, dizendo:

- Ainda que tivesse de morrer contigo, não te negaria." (Mt 26, 30-35).

Marcos, Lucas e João registram igualmente esta predição, que aconteceu tal como Jesus havia dito.

É assim que Mateus conta como aconteceu: Depois que Jesus foi preso, Pedro o foi seguindo de longe e sentou-se no pátio do sumo-sacerdote, no meio dos servos, para ver o fim.

"Entrementes – narra Mateus – estava Pedro sentado fora, no pátio. Chegou-se a ele uma criada e disse:

- Também tu estavas com Jesus, o galileu.

Ele, porém, negou diante de todos, dizendo: - Não entendo o que dizes.

Ia Pedro saindo ao portal, quando o viu outra criada, e disse para os circunstantes:

- Esse também estava com Jesus, o nazareno.

Pela segunda vez negou ele, e com juramento, dizendo:

- Não conheço esse homem.

Decorrido pouco tempo, acudiram os circunstantes, dizendo a Pedro:

- Realmente, tu também és do número deles; tua linguagem te dá a conhecer.

Então começou a praguejar e a jurar, que não conhecia aquele homem.

E imediatamente o galo cantou." (Mt 26, 69-75).

CAPÍTULO 9

A SABEDORIA PARANORMAL OU SOBRENATURAL DE JESUS

"Agora sabemos que sabes tudo
e não necessitas das perguntas
de ninguém.
Por isso cremos que saíste de Deus".
(Jo 16,30).

Mesmo sem precisarmos tomar em consideração a visão religiosa que crê na divindade de Jesus, e, por isso, detentor de todos os poderes divinos, ainda assim temos que admitir que o Nazareno era o mais perfeito conhecedor de todas as leis e princípios universais. Interprete-se como se queira os fenômenos que acompanharam a vida terrena do Mestre, mesmo assim não se pode negar seu poder de realizar milagres, prodígios e curas. O milagre – é bom que se diga - não é o rompimento das Leis universais, mas a maneira admirável e inusitada pela qual as Leis se manifestam. Jesus sabia como manipular as energias e como endereçá-las para os fins a que se propunha.

JESUS CONHECIA OS PENSAMENTOS

Em diversas ocasiões demonstrou que sabia o que as pessoas estavam pensando.

Mateus, a certa altura, escreveu:

"Jesus, conhecedor que
era dos seus pensamentos..."
(Mt 12, 25-30).

Lucas conta a seguinte história:

"Certo fariseu pediu a Jesus que fosse comer em sua casa.

Dirigiu-se, pois, à casa do fariseu e reclinou-se à mesa.

Ora, vivia naquela cidade uma mulher pecadora. Sabendo que ele estava à mesa em casa do fariseu, veio com um vaso de alabastro cheio de unguento, e colocou-se, chorando, por detrás de seus pés. Começou a banhar-lhe os pés com suas lágrimas e enxugou-os com os cabelos da sua cabeça. Beijou-lhe os pés e ungiu-os com o unguento.

À vista disso, pensou de si para si o fariseu que o convidara: "Se este homem fosse profeta, bem saberia quem é essa mulher que o toca, e de que qualidade – pois é uma pecadora".

Jesus, lendo os pensamentos do fariseu, disse-lhe:

- Simão, tenho a dizer-te uma coisa.

- Fala, Mestre – tornou aquele.

- Certo credor tinha dois devedores. Um devia-lhe quinhentos denários, o outro cinquenta. Mas, não tendo eles com que pagar, perdoou-lhes a dívida a um e outro. Quem deles terá maior amor?

Respondeu Simão:

- Aquele, julgo, a quem mais perdoou.

- Julgaste bem – disse-lhe Jesus.

Em seguida, voltando-se para a mulher, disse a Simão:

- Vês esta mulher? Entrei em tua casa, e não me deste água para os pés; ela, porém, banhou-me os pés com suas lágrimas e enxugou-os com seus cabelos. Não me deste o beijo; ela, porém, não cessou de beijar-me os pés, desde que entrei. Não me ungiste a cabeça com óleo; ela, porém, ungiu-me os pés com unguento. Pelo que te digo que lhe são perdoados os seus muitos pecados, porque muito amou; ao passo que a quem menos é perdoado, pouco ama.

E disse a ela:

- Os teus pecados te são perdoados.

Ao que os seus companheiros de mesa pensaram consigo mesmos: "Quem é este que até perdoa pecados?" (Lc 7,49).

Ele, porém, disse à mulher:

- A tua fé te salvou; vai-te em paz.

Em duas oportunidades, neste episódio, Jesus leu os pensamentos dos circunstantes.

Também, em outra ocasião, Jesus leu o pensamento das pessoas.

Trouxeram-lhe um paralítico para que o curasse e Jesus lhe disse: "Homem, os teus pecados te são perdoados". Então, os escribas e fariseus pensaram lá consigo: "Quem é esse que profere blasfêmias? Quem pode perdoar pecados senão Deus somente?"

Jesus, porém, conhecia os pensamentos – conta Lucas - e passou a falar sobre o poder de perdoar pecados". (Lc 5, 17-26).

Se quiséssemos analisar o dom de clarividência de Jesus, poderíamos citar pelo menos duas passagens em que esse conhecimento se manifestou.

João conta o primeiro episódio: *"No dia imediato, ia Jesus partir para a Galileia, quando se lhe deparou Filipe; e disse-lhe "Segue-me".*

Era natural de Betsaida, pátria de André e de Pedro. Filipe encontrou Natanael e disse-lhe:

- Acabamos de encontrar aquele de quem escreveram Moisés, na lei, e os profetas: Jesus de Nazaré, filho de José.

Respondeu-lhe Natanael:

- Poderá sair coisa boa de Nazaré?

- Vem e vê – disse Filipe.

Vendo Jesus chegar Natanael, observou a respeito dele:

- Eis aí um israelita de verdade no qual não há falsidade.

- Donde é que me conheces? – perguntou Natanael.

Tornou-lhe Jesus:

- Antes que Filipe te chamasse, te via eu debaixo da figueira.

- Mestre – exclamou Natanael – tu és o filho de Deus; tu és o Rei de Israel.

Respondeu-lhe Jesus:

- Crês, porque te disse que te vira debaixo da figueira? Verás coisa maior que isto.

E prosseguiu, dizendo:

- Em verdade, em verdade vos digo que doravante vereis o céu aberto e os anjos de Deus subirem e descerem sobre o Filho do homem." (jo 1, 43-51).

O outro relato de conhecimento da vida de uma pessoa foi este, também contado por João: "*Che-*

gou a uma cidade da Samaria, por nome Sicar, vizinha ao prédio que Jacó dera a seu filho José. Achava-se aí o poço de Jacó. Era por volta do meio-dia. Nisto veio uma samaritana para tirar água.

Jesus pediu-lhe:

- Dá-me de beber.

Respondeu-lhe a samaritana:

- Como? Tu, que és judeu, me pedes de beber a mim, que sou samaritana?

Tornou-lhe Jesus:

- Se conhecesses o dom de Deus e aquele que te diz: Dá-me de beber, pedir-lhe-ias que te desse água viva.

- Senhor – replicou-lhe a mulher – não tens com que tirar e o poço é fundo. Donde tiras tu essa água viva? És, acaso, maior do que nosso pai Jacó, que nos deu este poço, do qual bebeu ele mesmo, e beberam seus filhos e rebanhos?

Volveu-lhe Jesus:

- Quem bebe desta água tornará a ter sede; mas, quem beber da água que eu lhe darei, não mais terá sede eternamente. A água que eu lhe darei se tornará nele uma fonte que jorra para a vida eterna.

Pediu-lhe a mulher.

- Senhor, dá-me essa água para que não te-

nha mais sede nem precise vir cá tirar água.

Disse-lhe Jesus:

- Vai, chama teu marido e volta cá.

- Não tenho marido – respondeu a mulher.

Tornou-lhe Jesus:

- Disseste bem: Não tenho marido. Cinco maridos tiveste, e o que agora tens não é teu marido. Nisto falaste a verdade.

- Senhor – exclamou a mulher – vejo que és um profeta. Nossos pais adoraram a Deus sobre esse monte, e vós dizeis que em Jerusalém é o lugar onde se deve adorar a Deus.

Respondeu-lhe Jesus:

- Acredita-me, senhora, virá a hora em que nem nesse monte nem em Jerusalém adorareis ao Pai. Vós adorais o que desconheceis; nós adoramos o que conhecemos; porque a salvação vem dos judeus. Mas chegará a hora – e já chegou – em que os verdadeiros adoradores adorarão ao Pai em espírito e verdade. Pois, são estes os adoradores que o Pai procura. Deus é espírito, e em espírito e verdade é que o devem adorar os que o adoram.

Tornou a mulher:

- Sei que virá o Messias, que é chamado o Cristo; e, quando vier, anunciar-nos-á todas as coisas.

Disse-lhe Jesus:

- Sou eu, que estou falando contigo.

A mulher abandonou o seu cântaro, correu à cidade, e disse à gente: "Vinde e vede um homem que me disse tudo o que tenho feito". (Jo 4, 1-38).

Começando por dizer que ela tivera cinco maridos, Jesus passou a falar sobre a vida daquela mulher.

Sem dúvida, o Mestre conhecia o íntimo das pessoas. É o que diz João: *"Jesus, porém, não se fiava neles; porque conhecia a todos, nem havia mister que alguém lhe desse esclarecimentos sobre pessoa alguma. Sabia por si mesmo o que vai no íntimo do homem". (Jo 2, 23-25).*

Outra demonstração de clarividência deu-a Jesus através deste relato de Marcos:

"No primeiro dia dos pães ázimos, quando se imolava o cordeiro pascal, perguntaram os discípulos a Jesus: "Aonde queres que vamos e te preparemos a ceia pascal?"

Ao que ele enviou dois de seus discípulos com esta ordem: "Ide à cidade; aí encontrareis um homem com uma bilha d'água; segui-o e dizei ao dono da casa onde ele entrar: "O Mestre manda perguntar onde é a sala em que possa comer a ceia pascal com os seus discípulos. E ele vos há de mostrar uma sala espaçosa e guarnecida de almofadas. Aí fazei os preparativos para nós".

Foram os discípulos à cidade e encontraram como lhes dissera; e prepararam a ceia pascal". (Mc 14, 12-21).

Logo em seguida, Jesus faz uma predição: *"Em verdade, vos digo que um de vós, que come comigo, me há de entregar.*

Contristados, começaram a perguntar-lhe, um após outro:

- Acaso sou eu?

Respondeu-lhes Jesus:

- É um de vós doze, um que mete comigo a mão no prato. O Filho do homem vai à morte, sim, conforme está escrito dele; mas ai daquele por quem o Filho do homem for atraiçoado! Melhor fora a esse homem não ter nascido". (Mc 14, 12-21).

Tudo aconteceu conforme Jesus tinha predito.

Merece menção a visão que teve Jesus de uma aldeia vizinha onde visualizou um jumentinho, pedindo então aos discípulos que fossem buscá-lo para que, montado, pudesse entrar em Jerusalém.

Mateus, Marcos e Lucas narram este fato. Lucas conta assim: *"Quando chegou perto de Betfagé e de Betânia, ao chamado monte das Oliveiras, enviou dois dos seus discípulos com esta ordem:*

"Ide à aldeia que tendes em frente. À entrada da mesma encontrareis um jumentinho amarrado, no qual ainda ninguém montou; desatai-o e conduzi-mo aqui. Se alguém vos perguntar por que o soltais, respondei-lhe: Porque o Senhor precisa dele."

Partiram os enviados e encontraram como lhes dissera. Quando iam desatando o jumentinho, perguntaram os donos do mesmo: Por que soltais o jumentinho? Responderam: Porque o Senhor precisa dele. E conduziram-no a Jesus". (Lc 19, 29-40).

Foi com este jumentinho que Jesus entrou triunfalmente em Jerusalém.

Certa vez, disseram os discípulos ao Mestre: *"Agora sabemos que sabes tudo e não necessitas das perguntas de ninguém. Por isso, cremos que saíste de Deus". (Jo 16,30).*

"Durante a sua permanência em Jerusalém, por ocasião da festa pascal, muitos creram em seu nome, porque viam as obras poderosas que realizava. Jesus, porém, não se fiava neles; porque os conhecia a todos, nem havia mister que alguém lhe desse esclarecimento sobre pessoa alguma. Sabia por si mesmo o que vai no íntimo do homem". (Jo 2, 23-25).

CAPÍTULO 10

JESUS TRANSMITE OS SEUS PODERES

"Quem tem fé em mim
fará as obras que eu faço
e fará obras maiores que estas".
(Jo 14, 12-17).

Os poderes de Jesus não permaneceram apenas privilégio especial dele. Ensinou-os e transmitiu-os aos seus discípulos. Já falamos sobre isso.

Lucas o descreve dessa maneira: *"Convocou Jesus os doze apóstolos e deu-lhes poder e autoridade sobre todos os demônios e de curar enfermidades. Em seguida, enviou-os a anunciar o reino de Deus e curar os enfermos"*.

E conclui o evangelista: *"Puseram-se eles a caminho e foram de povoado em povoado, proclamando a boa nova e curando os enfermos por toda parte".* (Lc 9, 1-6).

Noutra ocasião, Lucas relata: *"Depois disto, designou o Senhor mais setenta outros discípulos e mandou-os, dois a dois, adiante de si, a todas as cidades e povoações que ele mesmo ia visitar...*

E quando entrardes em uma cidade onde vos recebam, comei o que vos servirem; curai os doentes que aí houver; e dizei: Chegou a vós o reino de Deus". (Lc 10, 1-12).

Quando os discípulos regressaram dessa missão, Lucas conta o que aconteceu: *"Regressaram os setenta discípulos cheios de alegria, e referiram: "Senhor, até os demônios se nos submetem, em teu nome.*

Respondeu-lhes ele:

- Vi Satanás cair do céu como um raio. Eis que vos dei o poder de calcar serpentes e escorpiões, e poder sobre todas as potências inimigas. Coisa nenhuma vos fará mal. Entretanto, não seja esta a vossa alegria, que se vos submetam os espíritos; alegrai-vos antes porque os vossos nomes estão escritos nos céus." (Lc 10, 19-20).

E, mais adiante, Jesus exclamou, num arroubo de exultação: *"Glorifico-te, Pai, Senhor do céu e da terra, porque ocultaste estas coisas aos doutos e entendidos, e as revelaste aos pequeninos".*

(Lc 10, 21).

Na verdade, os que mais opõem resistência a essas verdades, ensinadas por Jesus, ainda hoje são os doutos e os entendidos. É que a profundidade dessas realidades espirituais lhes foge do alcance analítico e racional.

Para alcançar a fonte da Verdade e do Poder, é preciso que a mente consciente entre em contato com a Divindade imanente. Mas nem todos seguem por este caminho. Daí a dificuldade de entender Jesus e de acreditar nas obras que realizam os seguidores do Mestre.

No final do seu Evangelho, Marcos fala do poder que acompanha quem tem fé:

"E estes sinais acompanharão aos que têm fé. Em meu nome expulsarão demônios, falarão línguas novas, suspenderão serpentes e, se beberem algo mortífero, não lhes fará mal; porão as mãos sobre os doentes, e eles serão curados". (Mc 16, 15-18).

Jesus agora ensina que todo aquele que souber usar o poder infinito da fé, terá o domínio total sobre as doenças, sobre a mente, sobre os animais e sobre a matéria.

"Aos que têm fé em seu nome – diz João – deu-lhes o poder de se tornarem filhos de Deus". (Jo 1, 6-13).

No momento em que você percebe que é filho de Deus, conclui que tem o poder de Deus. Neste caso, não admira que Jesus tenha dito o que segue:

"Quem tem fé em mim fará as obras que eu faço e fará obras maiores que estas". (Jo 14, 12-17).

CAPÍTULO 11

CONSCIENTE E SUBCONSCIENTE

"Pelas tuas palavras
serás declarado justo;
pelas tuas palavras serás
condenado". (Mt 12, 31-37).

"O homem bom tira do tesouro bom coisas boas; e o homem mau tira do tesouro mau coisas más". (Mt 12, 31-37).

"Como podeis falar coisa boa quando sois maus?" (Mt 12, 31-37).

Na verdade, todo o ser humano é o resultado dos seus pensamentos.

O pensamento é uma realidade mental que se torna realidade física.

É por isso que o Mestre ensinava:

"Toda árvore boa produz bons frutos; toda ár-

vore má produz maus frutos". (Mt 7, 17).

"Nenhuma árvore boa produz frutos maus e nenhuma árvore má produz frutos bons." (Lc 6, 43).

"Porque da abundância do coração é que fala a boca". (Mt 12, 31-37).

"Pelas tuas palavras serás declarado justo; pelas tuas palavras serás condenado." (Mt 12, 31-37).

Jesus queria dizer que o exterior é o resultado do interior.

A mente, segundo Jesus, é como uma árvore. Os frutos são o resultado dessa árvore. Árvore boa produz frutos bons. Mente sadia produz realidades sadias.

Tudo o que uma pessoa tem no seu interior tende a se expressar exteriormente. A tristeza interior se manifesta em tristeza exterior. A alegria interior se manifesta em alegria exterior. A paz interior se expressa exteriormente e todo o seu ser fica possuído de paz. A agonia interior se manifesta exteriormente: sua vida se torna agoniada, suas palavras são agoniadas e seu corpo se torna agoniado.

Há, na verdade, em você o poder criador da palavra.

O Poder Infinito, existente em cada criatura humana, no âmago do ser, no subconsciente, sempre atende ao pensamento, à palavra acreditada.

Você pode usar esse poder divino para jogar-se no inferno de si mesmo, como pode usá-lo para elevar-se às alturas do seu próprio céu.

Somente quando uma pessoa se eleva interiormente é que consegue chegar ao Pai, ao Poder Divino, que habita o íntimo de cada ser humano.

Através do pensamento, da palavra, da ideia, da imagem, enfim da criação mental, a pessoa atinge o poder do subconsciente. Mas, para atingir o Pai, o Poder Divino, precisa alcançar um outro estágio mental, de limpidez, de simplicidade, de perfeição, de amor; precisa harmonizar positivamente a mente consciente com a mente subconsciente.

A melhor maneira de atingir esse estágio interior é, segundo Jesus, pela oração. Por oração entende-se a palavra harmoniosa, elevada, positiva, ativada pela fé.

Quando você está em estado totalmente positivo, você está ligado ao Pai. O Pai é o Poder do Bem.

A mente negativa produz resultados negativos; a mente positiva produz resultados positivos. Como o Pai é o Bem, somente neste caso você está ligado no Pai.

Jesus era o Bem total, por isso estava ligado inteiramente no Pai. Estava em comunhão com o Pai.

"Eu e o Pai somos Um". (Jo 10,30).

"As obras que eu opero, meu Pai as opera em mim". (Jo 14,10-11).

Estas duas afirmações do Mestre colocam luz no assunto.

Como Jesus era unidade indissolúvel com o Pai, as obras que ele, Jesus, esse personagem histórico, operava através do pensamento, da palavra e da ação, era o Pai que as operava nele.

Jesus é o ser-consciente e o Pai é a Presença Infinita neste ser-consciente. Por isso, o Rabi disse, certa vez:

"Quando dois estiverem orando em harmonia aí estarei eu". (Mt 18,15-20).

Quando a mente consciente estiver em harmonia positiva com a mente subconsciente, neste caso está a pessoa orante em comunhão com o Pai, consequentemente em comunhão com Jesus, e sua oração é realmente infalível.

CAPÍTULO 12

O REINO DOS CÉUS ESTÁ DENTRO DE VOCÊ

"Feliz de quem se banquetear no reino de Deus".
(Lc 14,15).

Segundo Jesus, o reino dos céus está na mente.

"O reino de Deus não vem com aparato exterior; não se pode dizer: "Ei-lo aqui ou acolá! O reino de Deus está dentro de vós." (Lc 17, 20-30).

O reino de Deus – disse o Mestre – está dentro de você.

Quem é feliz, simples, agradável, cheio de fé, com a mente límpida, inundado de amor, cercado dos bens materiais que deseja, este está no reino dos céus. Isto acontece quando todos estes tesouros se encontrarem na sua mente.

Você é a sua mente. Se a sua mente está no reino dos céus – você está no reino dos céus, e o mundo todo ao seu redor também é reino dos céus.

Mas, se você está no reino do inferno, você é inferno e a vida ao seu redor é inferno.

Estava realmente certo o Rabi quando avisou que o reino dos céus não está aqui ou acolá, mas está dentro de cada um.

"Feliz de quem se banquetear no reino de Deus". (Lc 14,15).

Crie o reino dos céus na sua mente e você viverá no reino dos céus.

Aí está a maravilha das maravilhas!

Muitas pessoas se julgam infelizes porque o marido abandonou a casa, ou porque não casaram, ou porque moram no campo, ou porque o carro está quebrado, ou porque os outros não as entendem, ou porque foram injustiçadas, ou porque tiveram prejuízo, e por tantas outras razões.

O reino dos céus está dentro de si, ele depende só de você e de ninguém mais e de nada mais.

Ponha estado de festa na sua mente e você poderá dizer, com exatidão, que a vida é uma festa. Mesmo que o dilúvio esteja caindo.

A felicidade existe quando existe dentro de você.

AS PARÁBOLAS E O REINO DOS CÉUS

Por que, em determinados momentos, falou Jesus em parábolas?

É que o Rabi estava falando para a humanidade de todos os tempos e nem tudo o que hoje a humanidade está em condições de receber o estava naquele tempo.

Muita coisa falou em parábolas para que, "de olhos abertos, não vejam, e de ouvidos abertos não ouçam."

"Então se acercaram de Jesus os discípulos e lhe perguntaram: "Por que é que lhes falas em forma de parábolas?"

Respondeu-lhes Jesus:

- A vós vos é dado compreender os mistérios do reino dos céus; aos outros, porém, não é dado. Porque ao que tem dar-se-lhe-á e terá em abundância; mas ao que não tem tirar-se-lhe-á ainda aquilo que possui. Por isso é que lhes falo em forma de parábolas: porque, de olhos abertos, não veem e, de ouvidos abertos, não ouvem e nem compreendem. Assim se

há de cumprir neles a profecia de Isaías: Ouvireis e não entendereis; vereis e não compreendereis; porque endurecido está o coração deste povo, tornaram-se moucos os seus ouvidos, e cerraram os olhos; não querem ver com os olhos, nem ouvir com os ouvidos, nem compreender com o coração, nem converter-se de modo que eu os possa curar.

Ditosos os vossos olhos, porque veem! E os vossos ouvidos, porque ouvem! Pois, em verdade vos digo que muitos profetas e justos desejaram ver o que vós vedes, e não o viram; e ouvir o que vós ouvis, e não ouviram". (Mt 13, 10-17).

"Revelarei o que estava oculto desde a criação do mundo". (Mt 13,35).

Talvez possamos encontrar dentro da série de parábolas o núcleo das demais revelações que continuam ocultas desde Jesus.

Todas as parábolas se referem ao reino dos céus.

Ao invés de dizer diretamente o que é o reino dos céus; ao invés de explicar o princípio fundamental pelo qual a pessoa penetra o seu próprio reino dos céus, Jesus preferiu usar algumas imagens parabólicas.

É possível que essa seja uma das mais estupendas revelações, para a qual a humanidade de dois mil anos atrás não estivesse pronta para receber.

IDENTIFICAÇÃO DO REINO DOS CÉUS

Segundo Jesus, entrar no reino dos céus é escutar a palavra, compreendê-la e dar fruto a trinta, sessenta ou cento por um.

Trata-se, pois, da ação da mente consciente e da reação da mente subconsciente.

O reino dos céus é a boa semente. Tudo o que você planta na mente cresce e produz frutos pela ação executiva do subconsciente, em cujas profundezas está o Pai.

O reino dos céus é o fermento – que faz crescer, que leveda. Toda a ideia que você cria na mente fermenta, ganha forma e se plenifica.

O reino dos céus é o tesouro oculto e a pérola. Quem encontra trata de possuir. Como o desejo mais intrínseco da criatura humana é a felicidade, quem encontra esse tesouro, essa pedra preciosa, deixa tudo o que fazia parte de sua vida atribulada e desordenada para ficar com esse tesouro.

O reino dos céus é como o grão de mostarda, que o homem semeou no seu campo. É esta a mais pequenina dentre todas as sementes;

mas, quando crescida, fica maior que as outras hortaliças, chegando a se tornar árvore, de maneira que as aves vêm habitar nos seus ramos.

O pensamento é uma semente pequena, que o subconsciente, o Pai interno de cada um, faz crescer, crescer tanto, a ponto de se tornar tão grande quanto a essência criadora desse pensamento. Assim como a semente se expressa na realidade tornando-se árvore, da mesma maneira o pensamento se expressa na realidade.

O reino dos céus é como uma rede, que apanha toda espécie de peixes. Depois os pescadores separam os peixes bons dos ruins.

A sua mente é como uma rede, que apanha todo tipo de pensamentos que são lançados sobre ela. Mas, o reino dos céus são só os peixes bons; somente os pensamentos positivos e elevados.

O reino dos céus é semelhante a certo homem que, tendo de viajar, distribui seu dinheiro aos seus empregados para que o façam produzir. A um deu cinco talentos, a outro, quatro, a outro três, a outro dois e a outro um. Os que aplicaram os talentos tiveram o dinheiro multiplicado. O que, porém, recebeu um talento, o enterrou e nada produziu.

Aí está a diferença entre os que usam o poder divino para colher todas as coisas boas que desejam da vida. Tudo o que você aplica na mente, o Pai o multiplica na realidade. Mas, aquele que nada fez, nada alcançou.

Eis aí uma forma de explicar porque os ricos se tornam mais ricos e os pobres cada vez mais pobres. Quem tem pobreza na mente colhe pobreza e até o pouco que tem vai desaparecer, pois o semelhante atrai o semelhante. Quem tem a mente ligada na abundância, multiplica os seus talentos e os faz produzirem abundantes frutos.

O REINO DOS CÉUS COMPARADO COM FIGURAS HUMANAS

Você viu que o Nazareno comparou o reino dos céus com a semente, o fermento, o tesouro oculto, a pérola, a rede: imagens de coisas.

Jesus também usou imagens de pessoas para comparar com o reino dos céus.

O reino dos céus é semelhante a um pai, que tira do seu tesouro coisas novas e coisas velhas.

A sua mente subconsciente é como o seu tesouro; através da mente consciente você saca coisas novas e coisas velhas, coisas boas e coisas ruins, conforme seus pensamentos. A mente consciente é como um pai que lhe alcança tudo o que tem guardado no seu tesouro, no seu baú.

O reino dos céus é semelhante a um rei que promove um grande banquete de núpcias para os seus convidados.

Que imagem bonita! O banquete é a fonte da alegria, do prazer, da fraternidade, do amor, do bem-estar. O reino dos céus é o seu banquete interior.

"Feliz de quem se banquetear no reino de Deus" (Lc 14,15) – diz o Evangelho, em outra circunstância.

O banquete da felicidade está dentro de você. Não faça como os convidados que alegam mil motivos para não participar do banquete. Cuidado você também! As preocupações, os medos, as agitações, o impedem de participar do banquete celestial. Sua mente não deve estar preocupada com as situações de cada dia. Sua mente é feita para celebrar todo dia o banquete da felicidade.

Lembre-se do que Jesus disse, certa ocasião: *"Buscai primeiro o reino dos céus e tudo o mais vos será dado por acréscimo." (Mt 6,15-24).*

A mente não é para ficar agitada pelos negócios, emprego, dinheiro, construções, promissórias, duplicatas e coisa que o valha. Esses objetivos materiais você os alcança através da invocação do Poder Divino existente no íntimo do seu ser. A mente deve ser sempre o seu reino dos céus, porque você nasceu para ser feliz hoje, agora, amanhã, cada dia.

O reino dos céus é semelhante a um administrador que paga mais do que cada um merece.

O reino dos céus foi por diversas vezes comparado com um pai.

Certo pai tinha dois filhos. Mandou que fossem trabalhar na sua vinha. O primeiro disse que ia, mas não foi; o segundo disse que não ia, mas foi.

A palavra que não se transforma em realidade física, a palavra que não se expressa em obras, não tem valor, porque nela não existe o fermento e nem o explosivo da fé.

Ao concluir suas palavras sobre essa parábola, disse o Mestre:

"Em verdade, vos digo que publicanos e meretrizes entrarão no reino de Deus antes de vós. Veio João e apontou-vos o caminho da justiça; vós, porém, não lhe destes fé, ao passo que publicanos e meretrizes creram nas suas palavras. Vós o vistes,

mas nem por isto vos convertestes, nem lhe destes fé". (Mt 21, 28-32).

Jesus também comparou o reino dos céus com um pai de família que plantou uma vinha, cercou-a com todos os melhores recursos e deu-a para os lavradores administrarem. Na hora da colheita, os lavradores não quiseram dar o que pertencia ao pai de família e maltrataram os enviados. O resultado foi a condenação dos lavradores, que tiveram mau fim.

A mente subconsciente paga conforme cada um age na sua mente consciente.

Com a mesma medida com que você medir, na sua mente consciente, com essa mesma medida será você medido na mente subconsciente. O bem produz o bem, o mal produz o mal.

Há, ainda, outra comparação com o pai de família, que paga mais do que cada um merece. (Mt 20, 1-16).

O Pai, que habita o seu íntimo, também dá a você o cêntuplo de tudo o que você pede. A sua oração é sempre atendida pelo Pai em doses muito maiores do que você pediu. Desde que você tenha fé. A fé é a chave do segredo.

O reino dos céus, ainda, é comparado com dez virgens que, empunhando as suas lâmpadas, saíram ao encontro dos seus esposos. Umas levaram óleo a mais para o usarem caso o esposo demorasse; outras nada levaram além do que tinham em suas lâmpadas. O esposo chegou muito tarde e encontrou cinco virgens desprevenidas com as suas lâmpadas apagadas e entrou nas núpcias somente com aquelas que tinham lanterna acesa.

Mantenha também você sempre acesa a lâmpada da fé. Viva no reino dos céus hoje, amanhã e sempre, porque, se você apagar a lâmpada da alegria, da paz, da felicidade, do amor, ficará na escuridão e sofrerá a doença da depressão, da angústia, dos nervos, da solidão, e essas doenças colocarão também seu corpo em trevas tenebrosas.

A PARÁBOLA DO FILHO PRÓDIGO

"Um homem tinha dois filhos. O mais jovem disse ao pai: "Pai, dá-me a parte da herança que me cabe".

E o pai dividiu os bens entre eles.

Poucos dias depois, ajuntando seus haveres, o mais jovem partiu para uma região longínqua, dissipando a sua herança numa vida devassa.

E gastou tudo.

Sobreveio na região uma grande fome e ele começou a passar privações. Foi, então, empregar-se com um dos homens da região, que o mandou para os campos cuidar dos porcos.

Ele queria matar a fome com as bolotas que os porcos comiam, mas ninguém lhas dava.

E, caindo em si, disse: Quantos empregados de meu pai têm pão com fartura, e eu aqui, morrendo de fome! Vou-me embora, procurar meu pai, e dizer-lhe: Pai, pequei contra o céu e contra ti; já não sou digno de ser chamado teu filho. Trata-me como um dos teus empregados.

Partiu, então, e foi ter com o pai.

Ele estava ainda longe, quando o pai viu-o, encheu-se de compaixão, correu e lançou-se-lhe ao pescoço, cobrindo-o de beijos.

O filho, então, disse: "Pai, pequei contra o céu e contra ti; já não sou digno de ser chamado teu filho".

Mas, o pai disse aos servos: "Ide depressa, trazei a melhor túnica e revestiu-o com ela, pondo-lhe um anel no dedo e sandálias nos pés. Trazei o novilho cevado e matai-o; comamos e festejemos, pois meu filho estava morto e tornou a viver; estava perdido e foi reencontrado!"

E começaram a festejar.

O filho mais velho estava no campo.

Quando voltava, já perto da casa ouviu músicas e danças.

Chamando um servo, perguntou-lhe o que estava acontecendo.

Este lhe disse: "É teu irmão que voltou e teu pai matou o novilho cevado, porque o recuperou com saúde".

Então, ele ficou com muita raiva, e não queria entrar.

O pai saiu para suplicar-lhe.

Ele, porém, respondeu ao pai: "Há tantos anos que te sirvo, e jamais transgredi um só dos teus mandamentos, e nunca me deste um cabrito para me banquetear, para festejar com meus amigos. Contudo, veio este teu filho, que devorou teus bens com prostitutas, e para ele matas o novilho cevado".

Mas o pai lhe disse:

- Filho, tu estás sempre comigo, e tudo o que é meu é teu. Era preciso que festejássemos e nos alegrássemos, pois este teu irmão estava morto e tornou a viver, estava perdido e foi reencontrado". (Lc 15, 11-32).

Esta parábola apresenta como personagens um pai e dois filhos.

O pai é a Presença Infinita em você, é o Pai

que habita o seu ser. É o poder do seu subconsciente, se quiser usar a linguagem da ciência do Poder da Mente.

Os filhos são dois modos de agir da personalidade humana, são duas maneiras de ser da mente consciente.

O mais novo usou mal a sua mente, jogou fora as coisas boas que tinha de seu Pai interior, e viu-se despojado de tudo, na miséria, na privação e na necessidade.

O mais velho cumpria os mandamentos, as ordens emanadas do Pai. Era apenas cumpridor do dever, por isso não era feliz também ele.

O mais novo reencontrou a felicidade, o reino dos céus, retornando para junto do Pai, o Deus-nele. Neste instante, renasceu. Vestes novas, joias, música, alegria, festa, banquete. Vida nova. Estava morto e tornou à vida; estava perdido e reencontrou-se. Descobriu que a árvore má só pode produzir frutos maus. Plantou agora dentro de si a árvore boa que começa a lhe render os frutos deliciosos da alegria de viver, da paz, do amor e da felicidade. Encontrou o seu reino dos céus. A partir deste instante, seu passado não existe mais. Ele é outra pessoa. Como a vida é o presente, agora está no reino dos céus. Não importa o passado.

O filho mais velho também não era feliz porque fazia da sua vida apenas um roteiro diário de obrigações e deveres. Praticava o bem, mas ele não era o bem. Desconhecia sua unidade perfeita com o Pai, por isso não descobrira que tudo era dele e que de tudo podia dispor como lhe aprouvesse. Não usou da imensa fortuna que estava à sua disposição. Mas ter e não saber é o mesmo que não ter. Daí a queixa e a mágoa.

- Não há porque te queixares, meu filho. Tudo é teu. Toma. Pega. Usa. Curte as alegrias da vida. Todos os cabritos e novilhos são teus. Todos.

Por que esse moço nunca se banqueteou com os amigos?

Talvez porque pensasse que a vida teria que ser uma longa jornada dura, trabalhosa, toda feita de deveres e obrigações. E ele os cumpria, fielmente. Mas, não era feliz, não estava no reino dos céus. Se estivesse no reino dos céus da sua mente, sairia, como o pai, correndo ao encontro do irmão, o abraçaria e festejaria a felicidade do retorno.

Foi necessário que o pai lhe revelasse que ele tudo tinha para se dar conta e começar a usufruir. E ser feliz.

QUEM ENTRA NO REINO DOS CÉUS

De acordo com as parábolas, não entram no reino dos céus os inconstantes, os que se abatem, os que se atribulam, os que têm cuidados deste mundo, os que se preocupam com as riquezas, os complicados, os injustos, os violentos.

Entram no reino dos céus os simples, os que escutam a palavra, a compreendem e fazem-na dar fruto.

O reino dos céus é a alegria dos que se banqueteiam, é a felicidade dos que se encontram consigo mesmos e descobrem o Pai em si; é a mina do tesouro infinito; é a pérola preciosa que fascina; é a lâmpada acesa na hora das núpcias interiores; é a justiça; é o amor; é a paz.

Na verdade, segundo o Cristo, a vida é uma festa.

Ele disse: *"Podem, acaso, ficar de luto os convidados ao casamento enquanto está com eles o esposo?" (Mt 9, 14-17).*

A vida, para Jesus, tem o sentido de um banquete, de um casamento, portanto, de uma festa. É interessante verificar que a própria eucaristia ele a fez como um banquete divino, para o qual todos os que estiverem com a veste especial são convidados. A veste é a crença nessa dimensão espiritual colocada por Jesus.

Se você não vê Jesus com os olhos da dimensão da fé, então, na verdade, você não vê Jesus; neste caso, a eucaristia não tem sentido.

E se você ainda não alcançou este estágio maravilhoso, peça com simplicidade, com a singeleza da criança, e você o atingirá para que sua alegria seja completa, conforme falou o Mestre.

QUANDO FALARÁ JESUS ABERTAMENTE?

"Disse-vos isto em parábolas; tempo virá em que não vos falarei mais em parábolas, mas vos falarei abertamente de meu Pai. Naquele dia, sim, pedireis em meu nome, e digo-vos que já não terei de rogar ao Pai por vós. Porque o Pai mesmo vos ama, porque me amastes e crestes que saí de Deus..."(Jo 17, 25-26).

Quando você atingir o nível Crístico, ou seja, a iluminação, as parábolas se desfarão e a Luz brilhará na sua mente. Então, você verá o Pai, por assim dizer, face a face. Neste caso, você não terá mais que rogar ao Pai, pois será uma unidade com o Pai. As suas obras serão as próprias obras do Pai. O seu pensamento será o próprio pensamento do Pai. O seu poder será o próprio poder do Pai.

CAPÍTULO 13

A LEI DO AMOR

"Este é o meu mandamento:
Amai-vos uns aos outros
assim como eu vos tenho amado".
(Jo 15, 12-27).

Jesus colocou o amor como síntese do universo.

O amor, para o Mestre, é a Lei e os profetas. Tudo, portanto.

"Quando os fariseus souberam que Jesus tinha reduzido ao silêncio os saduceus, reuniram-se em conselho. Um deles, que era doutor da lei, quis armar uma cilada a Jesus com esta pergunta:

- Mestre, qual é o maior mandamento na lei?

Respondeu-lhe ele:

- Amarás o Senhor teu Deus de todo o teu coração, de toda a tua alma e de toda a tua mente.

Este é o primeiro e o maior dos mandamentos. O segundo, porém, é semelhante a este: Amarás o teu próximo como a ti mesmo. Nestes dois mandamentos se baseiam toda a Lei e os profetas." (Mt 22, 34-40).

Marcos, no seu evangelho, colocou a pergunta na boca de um escriba. Este, após ouvir a resposta do Mestre, tornou:

- Perfeitamente, Mestre, é bem verdade o que acabas de dizer: que há um só Deus e não há outro fora ele: Amá-lo de todo o coração, de toda a mente e com todas as forças, e ao próximo como a si mesmo – isto vale mais que todos os holocaustos e vítimas.

Em face desta resposta que ele dera, tão sensata, disse-lhe Jesus:

- Não estás longe do reino de Deus. (Mc 12, 28-34).

Lucas conta assim: *"E eis que se levantou um doutor da lei para o pôr à prova, com esta pergunta:*

- Mestre, que hei de fazer para alcançar a vida eterna?

Respondeu-lhe Jesus:

- Que está escrito na lei? Como é que lês?

Tornou aquele:

- Amarás o Senhor, teu Deus, de todo o teu

coração, de toda a tua alma, com todas as tuas forças e de toda a tua mente; e a teu próximo como a ti mesmo.

- Respondeste bem – disse-lhe Jesus. – Faze isto e terás a vida.

Ele, porém, quis justificar-se e perguntou a Jesus:

- E quem é o meu próximo?

Ao que Jesus tomou a palavra e disse:

- Descia um homem de Jerusalém a Jericó, e caiu nas mãos dos ladrões, que o despojaram, cobriram de feridas e, deixando-o meio morto, se foram embora. Casualmente, descia um sacerdote pelo mesmo caminho; viu-o – e passou para o outro lado. Igualmente, chegou ao lugar um levita; viu-o – e passou para o outro lado. Chegou perto dele também um samaritano, que ia de viagem; viu-o – moveu-se à compaixão; aproximou-se, deitou-lhe óleo e vinho nas chagas e ligou-as; em seguida, fê-lo montar no seu jumento, conduziu-o a uma hospedaria e teve cuidado dele. No dia seguinte, tirou dois denários e deu-os ao hospedeiro, dizendo: Tem-me cuidado dele, e o que gastares a mais pagar-te-ei na volta.

Qual desses três se houve como próximo daquele que caíra nas mãos dos ladrões?

- Aquele que lhe fez misericórdia – respondeu

o doutor.

Tornou-lhe Jesus:

- Vai e faze tu o mesmo". (Lc 10, 25-37).

Certa vez, fazia o Rabi algumas recomendações carinhosas aos seus discípulos:

"Amai-vos uns aos outros. Amai-vos mutuamente assim como eu vos tenho amado. Nisto conhecerão todos que sois discípulos meus: em que vos ameis uns aos outros". (Jo 13, 33-35).

"Este é o meu mandamento: Amai-vos uns aos outros assim como eu vos tenho amado. Ninguém tem maior amor do que aquele que dá a própria vida por seus amigos. Vós sois meus amigos se fizerdes o que vos mando. Já não vos chamo servos, porque o servo não sabe o que faz o seu senhor; amigos é que vos chamei, porque vos dei a conhecer tudo quanto ouvi de meu Pai...O meu mandamento é este: Amai-vos uns aos outros". (Jo 15, 12-27).

Através destes ensinamentos Jesus transmitiu a lei máxima universal: o amor.

O amor é a suprema energia do universo.

A criação do mundo foi a materialização do amor.

Você é o amor corporizado.

Cada célula, cada átomo, cada minúsculo ser, cada reflexo de luz, cada gota de orvalho, cada grão de areia, cada pingo de água, cada folha de árvore é expressão da energia do amor.

Você existe porque é amor. Deus é em você e Deus é amor. Antes que você existisse existiu a energia do amor que o criou. E esta é uma energia que jorra de Deus. Por isso, você é a corporização do pensamento de Deus.

Eis aí uma verdade: você é uno com Deus e você existe porque Deus é em você.

Nada mais natural, portanto, que tudo em você seja manifestação de amor a Deus no seu íntimo. Seu coração, sua alma, sua mente, suas forças são efeitos do amor de Deus, portanto "amarás o Senhor, teu Deus, com todo o teu coração, com toda a tua alma, com toda a tua mente e com todas as tuas forças."

O OUTRO MANDAMENTO É SEMELHANTE

"Amarás ao teu próximo como a ti mesmo."

Antes de amar ao próximo é essencial que você se ame a si mesmo.

Esta é uma grande verdade sobre a qual nem todos prestam atenção.

Se uma pessoa não se ama a si mesma, o amor a Deus e ao próximo torna-se uma obrigação e até mesmo um sacrifício, quando, na verdade, amar ao Deus em si e ao próximo, que é parte de si mesmo, não é nada mais do que amar-se.

Amar-se a si mesmo deve ser o normal e natural de toda criatura humana.

Se você se ama, estará amando o Deus que habita o seu interior, e estará amando ao próximo, que é parte de você.

Mas, se você estiver na pior, colocará na pior Deus, o próximo e todo o mundo.

Quando uma pessoa se detesta, detestará tudo o mais.

Quando uma pessoa se ama, ela é amor; e o amor é a luz que faz bilhar Deus dentro de si; o amor é a luz que faz com que a pessoa enxergue as flores, as montanhas, os animais, as estrelas do céu, as noites enluaradas, os lagos poéticos, os riachos cantarolantes, os gramados viridentes, as grutas românticas; o amor é a luz que faz a pessoa enxergar a bondade, a alegria e o carinho que existe nas outras pessoas; o amor é a luz que desfaz o erro e o perdoa; o amor é a luz que reconcilia e que une.

O amor é a única luz que chega até Deus.

Porque Deus é amor.

PERDOAR ATÉ SETE VEZES?

Amor e perdão são as duas faces da mesma moeda.

O amor é a única fonte da felicidade.

O amor é a única chave que abre o reino dos céus, de que fala Jesus.

Por isso, sem perdoar não se consegue entrar no reino dos céus.

Se você não perdoa terá dentro de si um verme roedor, que provocará doenças, mal-estares, nervosismos e inimizades.

O perdão é o caminho da paz, do amor, da saúde, da concórdia e do sucesso na convivência humana.

Existe uma lei mental que é assim enunciada: "O que se planta na mente é o que se colhe em primeiro lugar". Se planta ódio, colherá ódio; se planta agressividade, colherá agressividade. Se, por outro lado, plantar amor, colherá amor; se plantar bondade, colherá o bem.

O seu subconsciente reage ao padrão dos seus pensamentos e sentimentos.

Tudo o que você cria na mente consciente, através do pensamento, atinge o seu subconsciente, que começa executando a mensagem em você mesmo.

Se odeia outra pessoa, para odiá-la teve que criar o pensamento de ódio, não é assim? Pois bem, seu subconsciente metaboliza o ódio e o executa em você. Além disso, o ódio que você dirigiu a outra pessoa vai atingir o subconsciente dessa pessoa; como o subconsciente é essencialmente bom, não aceitará o ódio e o devolverá, por isso o ódio se multiplica em você.

Eis porque, pela própria Lei da natureza humana, você deve sempre perdoar, caso contrário o prejuízo será seu.

Agora veja o que Jesus fala sobre o perdão:

"Então se chegou Pedro a ele com esta pergunta:

- Senhor, quantas vezes terei de perdoar a meu irmão que me ofender? Até sete vezes?

Veja bem que Pedro usou o verbo "terei", entendendo que perdoar é algo difícil, duro, como se alguém perdesse algo ao perdoar.

Perdoar, na verdade, é uma necessidade natural, cuja realidade não diminui, nem prejudica e nem afeta negativamente a quem perdoa.

Suponhamos que seu marido a traiu e você não o perdoa.

Em primeiro lugar, quem errou foi seu marido e não você, portanto o problema é dele e não seu. Como, nesta vida, todo ato se paga a si mesmo, ele terá o resultado negativo em si mesmo desse ato praticado.

Quanto a você, continue a viver alegre e feliz.

Se, porém, em razão desse episódio você odeia, ou carrega mágoa, ou se deprime, está cometendo o mesmo erro ou outro pior, uma vez que o ódio é muito mais virulento e pernicioso que o amor equivocado. Gera problemas cardíacos, ofende o estômago, enfraquece as defesas orgânicas, e expande vibrações negativas para outras pessoas e para o universo.

Em resposta à pergunta de Pedro, disse Jesus:

- *Digo-te eu, não sete vezes, mas setenta vezes sete vezes. Porque o reino dos céus é semelhante a um rei que quis tomar contas a seus servos. E, ao começar com a tomada de contas, apresentaram-lhe um que devia dez mil talentos; mas, como não tivesse com que pagar, ordenou o senhor que o vendessem, a ele, sua mulher e seus filhos e todos os seus haveres, e com isso pagassem a dívida. O servo, porém, lançou-se-lhe aos pés, suplicando: Senhor, tem paciência comigo, que te pagarei tudo. Compadecido do servo, o senhor o pôs em liberdade e lhe perdoou a dívida.*

Saindo fora, encontrou o servo um dos seus companheiros, que lhe devia cem denários; deitou-lhe as mãos e estrangulava-o, dizendo: Paga o que me deves! O companheiro prostrou-se-lhe aos pés, suplicando: Tem paciência comigo, que te pagarei. Ele, porém, não quis; mas foi-se e o mandou lançar no cárcere até que lhe pagasse a dívida. Contristaram-se profundamente os outros servos que tinham presenciado o caso e foram dar parte a seu senhor de tudo que acabava de acontecer. Então, o senhor o mandou vir à sua presença e lhe disse: Servo mau! Perdoei-te toda a dívida, porque me pediste; não devias, pois, também tu ter compaixão do teu companheiro, assim como eu tive compaixão de ti?"

E, indignado, o senhor o entregou aos carrascos até que houvesse pago toda a dívida.

Assim vos há de tratar meu Pai celeste, se do íntimo do coração não perdoardes uns aos outros". (Mt 18, 21-25).

O pai, que habita o íntimo do seu coração, como diz Jesus, retribui nas mesmas proporções todo o seu pensamento, seu sentimento e sua ação.

Amor produz amor; ódio produz ódio; perdão produz o perdão. É a Lei universal: "O semelhante atrai o semelhante".

Deus é a resposta literal dos seus pensamentos e ações.

Tudo é uma questão de causa e efeito. De ação e reação.

Não se trata de castigo, porque Deus não castiga ninguém. É sua Lei que funciona sempre: "Cada um colhe conforme o que semeia".

Certa vez, relata Mateus, o Mestre assim falou: *"Não hesites em fazer as pazes com teu adversário enquanto estiveres em caminho com ele, para que não te vá ele entregar ao juiz e o juiz te entregue ao oficial da justiça e sejas lançado ao cárcere. Em verdade, te digo que daí não sairás enquanto não tiveres pago o último centavo". (Mt 5, 21-25).*

Enquanto você não se perdoar, ou não perdoar, seu subconsciente estará lhe cobrando. Por outras palavras, o subconsciente reagirá negativamente no seu íntimo até o dia em que perdoar, isto é, até o dia em que tirar esse ódio do coração.

Lembre-se que os pensamentos são realidades mentais que se transformam em realidades físicas.

Faça as pazes interiormente e viverá em paz.

- Mas – dirá você - e se o outro me prejudicou? Devo desistir do que me foi usurpado?

- Você nunca perde, porque, em todas as ações humanas, há sempre um terceiro personagem que dá a cada um conforme lhe é de direito: Deus. Lembre-se: o ódio que carrega sobre alguém é o ódio que descarrega sobre si mesmo.

Houve alguma injustiça? Se não for paga pela pessoa injusta, ser-lhe-á paga por Deus. Mesmo se tratando de dinheiro e de bens materiais.

Faça de Deus o seu devedor e tenha a certeza de que tudo lhe será restituído com juros e correção monetária.

Disse Jesus: *"E teu Pai, que vê o que é oculto, te há de recompensar". (Mt 6, 18).*

"Se perdoardes aos homens as faltas deles, também vosso Pai Celeste vos perdoará as vossas faltas. Se, porém, não perdoardes aos homens, tampouco vosso Pai vos perdoará as vossas faltas". (Mt 6, 15).

Por essas palavras, o Mestre nos coloca mais uma vez diante da Lei mental e espiritual de que o Poder Interior se manifesta em cada um conforme os pensamentos.

Quem perdoa é perdoado; quem não perdoa não é perdoado.

"Com a mesma medida com que medirdes, sereis medidos".

Os pensamentos se materializam: perdão produz perdão; não-perdão produz não-perdão.

Aí está porque o Rabi nos ensinou na oração do Pai Nosso: "Perdoa-nos as nossas dívidas, assim como nós perdoamos aos nossos devedores". (Mt 6, 5-15).

O AMOR PERDOA OS PECADOS

"Certo fariseu pediu a Jesus que fosse comer em sua casa. Dirigiu-se, pois, à casa do fariseu e reclinou-se à mesa.

Ora, vivia na cidade uma mulher pecadora. Sabendo que ele estava à mesa em casa do fariseu, veio com um vaso de alabastro cheio de precioso unguento, e colocou-se, chorando, por detrás de seus pés. Começou a banhar-lhe os pés com suas lágrimas e enxugou-os com os cabelos da sua cabeça. Beijou-lhe os pés e ungiu-os com o unguento.

À vista disso, pensou de si para si o fariseu que o convidara: "Se esse homem fosse profeta, bem saberia quem é essa mulher que o toca, e de que qualidade – pois é uma pecadora."

- Simão – disse-lhe Jesus – tenho a dizer-te uma coisa.

É que Jesus, o clarividente, tinha lido o pensamento do fariseu e viu que julgou mal aquela mulher.

- *Fala Mestre – tornou o fariseu.*

- *Certo credor tinha dois devedores. Um devia-lhe quinhentos denários, o outro cinquenta. Mas não tendo eles com que pagar, perdoou-lhes a dívida a um e outro. Qual deles lhe terá maior amor?*

Respondeu Simão:

- *Aquele, julgo, a quem mais perdoou.*

- *Julgaste bem – disse-lhe Jesus.*

Em seguida, voltando-se para a mulher, falou a Simão:

- *Vês esta mulher? Entrei em tua casa e não me deste água para os pés; ela, porém, banhou-me os pés com suas lágrimas e enxugou-os com seus cabelos. Não me deste o beijo; ela, porém, não cessou de beijar-me os pés, desde que entrei. Não me ungiste a cabeça com óleo; ela, porém, ungiu-me os pés com unguento. Pelo que te digo que lhe são perdoados os seus muitos pecados porque muito amou; ao passo que a quem menos é perdoado pouco ama.*

E disse a ela:

- *Os teus pecados te são perdoados.*

Ao que os seus companheiros de mesa pensaram de si para si: "Quem é este que até perdoa pecados?"

Ele, porém, disse à mulher:

- A tua fé te salvou; vai-te em paz!" (Lc 7, 36-50).

Eis uma grande verdade: o amor perdoa todos os pecados e salva a pessoa.

Diante daqueles que condenavam a mulher, Jesus deu-lhe ostensivamente o perdão. Poderia ter ficado constrangido vendo aos seus pés uma mulher de baixa reputação a ungi-lo com perfume, num gesto de carinho. Se o Mestre fosse puritano, ficaria chocado, e teria empurrado a mulher para trás: "Que ousadia! Está fazendo isso só para me desmoralizar perante os demais!"

Mas ele era Jesus, o bom, o límpido, o sincero, o condescendente, o terno, o seguro de si, o compassivo.

Ali estava uma mulher realizando um ato que exprimia o carinho, o amor, o sentimento de afeto por ele e isso era bom, era humano, era positivo. Apenas isso importava a Jesus naquele momento, e não o passado e nem a reputação dela.

Sempre que alguém quiser julgar o passado de uma pessoa, se engana, porque o passado não existe. Julgar a reputação de alguém é julgar o passado desta pessoa, porque, mesmo o que aconteceu há dez minutos, já é passado.

Jesus não julgou o passado daquela mulher; julgou o presente, por isso a perdoou, aceitou o seu gesto, e ofereceu-lhe a paz.

Da mesma forma agiu com o bandido pregado na cruz a seu lado, diante do gesto bondoso e humano daquele homem: "Em verdade te digo, ainda hoje estarás comigo no paraíso". (Lc 23, 40-43).

Por outro lado, o fariseu, que se julgava homem honesto, bem-visto pela sociedade, bem conceituado, convidou Jesus para uma ceia em sua casa mais para se promover do que por amizade. Queria para si a honra da presença de Jesus, mas não queria ser alvo de críticas por hospedar o Mestre, então permaneceu em cima do muro, omitindo os gestos normais de um bom anfitrião. Não deu a Jesus o beijo de boas-vindas, nem a água para os pés, não ungiu a cabeça do seu hóspede com o óleo tradicional. Na época, este ritual de recepção fazia parte das boas maneiras.

A mulher, porém, deu uma maravilhosa demonstração de amor para com Jesus; e o seu gesto de amor lavou a sua alma.

O amor perdoa os pecados e cura as doenças.

"Em verdade, vos digo que publicanos e meretrizes entrarão no reino de Deus antes de vós" – dirá Jesus em outra oportunidade.

O amor perdoa os pecados e abre as portas do reino dos céus.

"Nisto conhecerão que sois meus discípulos: se vos amardes uns aos outros".

UM PASSO A MAIS: AMAR OS INIMIGOS

Amar os inimigos parece o supremo sacrifício.

- É duro demais – poderá exclamar você – quem pode cumprir essa exigência?

No entanto, se você pensa bem, perceberá que amar até os inimigos só lhe traz vantagens.

Você gosta de receber vantagens? Pois, amando os inimigos você nada tem a perder; pelo contrário, só tem a ganhar, uma vez que tudo o que pensa sobre alguém, ou faz para alguém, retorna multiplicado.

Tendo em vista a Lei do Retorno, é do seu maior interesse amar os familiares, amar os que amam você, amar os que não amam você, amar os conhecidos, os desconhecidos e até mesmo os seus inimigos.

Não importa se o outro retribui. O que importa é que tudo o que você dá, volve a você ampliado. Quanto mais amor você der, mais amor receberá.

Agora você está em condições de entender porque Jesus lhe diz:

"A vós, porém, ouvintes meus, vos digo:

Amai vossos inimigos; fazei o bem aos que vos odeiam; abençoai aos que vos amaldiçoam e orai pelos que vos caluniam...

O que quereis que os homens vos façam, fazei-o também a eles." (Lc 6, 27-36).

A LEI DO RETORNO

Tudo o que você pensa de alguém acontece a você em primeiro lugar.

Tudo o que você faz a alguém, acontece a você em primeiro lugar.

É a lei do Retorno, pois para pensar o bem ou o mal, para fazer o bem ou o mal a alguém, primeiro você o cria na sua mente. Como o que você cria na mente o subconsciente executa em você, faça sempre o bem, pense sempre o bem. É essencial não só não praticar o mal como também não pensar o mal. É que, para o subconsciente, pensar o mal e fazer o mal é a mesma coisa, já que o subconsciente não distingue entre imaginação e realidade. Para o seu subconsciente, pensar o mal é o mesmo que praticar o mal. Assim como pensar o bem é o mesmo que praticar o bem.

Daí a importância de perdoar-se logo que se comete algum erro, uma vez que o relembrar é, para o subconsciente, o mesmo que o praticar.

Aliás, segundo entendidos, perdoar significa demitir, mandar embora.

Arrepender-se vem do grego: metanoia; e significa mudança de ideia. Numa ou noutra situação mental, estamos diante da necessidade de limpar a mente de todo pensamento ligado ao mal, ao erro, ao pecado, ao que é negativo.

Para exemplificar a Lei do Retorno, veja algumas afirmações do Mestre:

- *Não julgueis e não sereis julgados.*

- *Não condeneis e não sereis condenados.*

- *Perdoai e sereis perdoados.*

- *Dai e dar-se-vos-á.*

- Com a medida com que medirdes, sereis medidos.

- Toda árvore boa produz bons frutos.

- Toda árvore má produz maus frutos.

- O que quereis que os homens vos façam, fazei-o também a eles. (Lc 6, 27-45).

CAPÍTULO 14

OUTRAS LEIS ENSINADAS POR JESUS

"Toda árvore boa
produz bons frutos".
(Mt 7,17).

Jesus foi, sem dúvida, o maior sábio de todos os tempos. Muitas Leis e verdades universais proclamadas pelo Mestre ainda hoje permanecem na obscuridade ou sem a devida importância que merecem.

Vejamos algumas Leis ensinadas pelo Nazareno.

FAZE AOS OUTROS O QUE QUERES QUE FAÇAM A TI

Esta é a lei básica da convivência humana.

Se a humanidade colocar em prática essa Lei, não haverá mais necessidade de códigos penais e nem de legislações criminais, políticas e sociais.

Como deve você agir em relação ao outro? Faça aos outros o que deseja que façam a você. Simples. Fácil. Inteligível. Ao alcance de todas as mentes, mesmo as mais rústicas.

Seria o mesmo que dizer: Os direitos de uma pessoa terminam onde começam os direitos da outra pessoa.

Como devem relacionar-se os vizinhos entre si? – Faça-lhes o que espera que lhe façam.

Como deve ser o entendimento entre patrões e empregados? – Faça aos outros o que quer que façam a você.

Como deve ser o relacionamento entre os cidadãos? – Faça aos outros o que deseja que façam a você.

Como será o relacionamento entre sócios, membros de clubes, congregações religiosas, fiéis, desportistas? – Faça aos outros o que quer que os outros façam a você.

Como devem agir os políticos? – Faça aos outros o que quer que façam a você.

Como devem agir os pais com os filhos e os filhos com os pais? – Faça aos outros o que quer que façam a você.

O SÁBADO FOI FEITO PARA O HOMEM E NÃO O HOMEM PARA O SÁBADO

Todas as leis, ordens, determinações que regem a vida humana, em qualquer campo ou setor, devem ter em vista, em primeiro lugar e acima de tudo, a pessoa humana.

Segundo a lei judaica, não era permitido exercer qualquer atividade em dia de sábado. O sábado, naquele tempo, equivalia ao nosso domingo.

Jesus, lendo o pensamento dos circunstantes, perguntou: "É lícito curar em dia de sábado?"

Segundo alguns puritanos que lá estavam, se Jesus curasse aquele infeliz estaria infringindo o sábado.

Então, o Rabi ensinou: *"O sábado foi feito para o homem e não o homem para o sábado". (Mc 2, 27).*

Em primeiro lugar, o homem.

A Lei está para servir o homem e não o contrário.

COM A MEDIDA COM QUE MEDIRDES SEREIS MEDIDOS

Disse o Mestre: " *Com a medida com que medirdes, vos medirão a vós". (Mc 21,24)*

Ninguém tem condições de julgar o outro, porque não é possível ver o íntimo da pessoa.

As aparências enganam.

Todo o julgamento é mau, porque a pessoa que julga não tem parâmetros exatos para julgar.

Disse Jesus: *"Vós julgais pelas aparências; eu não julgo ninguém". (Jo 8, 15).*

AO QUE TEM, DAR-SE-LHE-Á E TERÁ EM ABUNDÂNCIA; MAS, AO QUE NÃO TEM, TIRAR-SE-LHE-Á AINDA AQUILO QUE TEM

Quem sabe usar o Poder Divino, que existe no seu interior, terá tudo e terá em abundância. Mas, quem não sabe usar, ou não usar o Poder Divino, não só não progredirá como perderá ainda o que tem.

Deus responde ao pensamento de cada um.

Se o seu pensamento for negativo, sua colheita será negativa, isto é, perderá cada vez mais; se o seu pensamento for positivo, sua colheita será positiva e você colherá cada vez mais.

Eis o fato porque muitos ricos se tornam cada vez mais ricos e muitos pobres cada vez mais pobres. Eis a razão porque muitas pessoas ruins se tornam cada vez piores e muitos bons cada vez melhores. É uma questão de semeadura e colheita. Onde estão os seus pensamentos, aí está a sua vida.

Quem tem é porque sabe ter. Quem não tem é porque não sabe ter e, por isso, está caminhando para perder o que tem.

Mesmo estando em péssima situação, comece a plantar com fé e você colherá cada vez mais, assim ensinou Jesus.

O PAI NÃO JULGA NINGUÉM MAS ENTREGOU TODO O JULGAMENTO AO FILHO

O Pai é o Poder Divino. Poder é poder. Executivo é executivo; legislativo é legislativo.

Não pertence ao Pai examinar e julgar, mas executar, realizar.

Deus, que habita o âmago do seu ser, sempre atende ao seu pensamento. Não seleciona pensamentos e nem suprime ordens. Não analisa. Não julga.

Se Deus discutisse os seus pensamentos e selecionasse os pedidos, estaria rompendo o dom mais precioso que deu à criatura humana: a liberdade.

Todo o julgamento pertence ao Filho. O Filho é a Palavra. O Verbo. O pensamento. Pertence ao Filho pensar, decidir, falar, discernir, dar ordens, determinar.

O Filho é a mente consciente, o Eu que decide.

O Pai é quem opera, quem executa.

"As obras que eu opero é meu Pai que as opera em mim" – disse Jesus.

SE PERDOARDES AOS HOMENS AS FALTAS DELES, TAMBÉM VOSSO PAI CELESTE VOS PERDOARÁ AS VOSSAS FALTAS. SE, PORÉM, NÃO PERDOARDES AOS HOMENS, TAMPOUCO VOSSO PAI VOS PERDOARÁ AS VOSSAS FALTAS

O Pai, que é o Poder Divino, existente no

íntimo do seu ser, responde ao padrão dos seus pensamentos.

Se você, ou seja, se a sua mente consciente perdoa, o subconsciente também perdoa.

Se a sua mente consciente não perdoa, o seu subconsciente também não perdoa.

A mente consciente age; o subconsciente reage de acordo.

Você é a resposta dos seus pensamentos.

O que você planta na mente, você colhe.

Perdoe e será perdoado.

Odeie e o ódio dominará você.

É a Lei da Ação e Reação; de Causa e Efeito.

PELO FRUTO SE CONHECE A ÁRVORE

Como o subconsciente reage ao pensamento, você pode conhecer a árvore humana pelos frutos que ela dá.

Se os resultados daquilo que alguém faz, ensina, pensa, imagina, forem bons, essa pessoa é boa.

Certo dia, falou o Mestre: *"Toda árvore boa produz bons frutos; toda árvore má produz maus frutos". (Mt 7,17).*

Se você é uma pessoa boa e faz o bem, não tenha medo de injustiças ou de ser prejudicado. Seus frutos só poderão ser bons.

Siga em frente em paz e alegria, indiferente aos que negam os seus valores, porque pelos frutos todos reconhecerão que você é uma criatura maravilhosa.

Não se atemorize pela calúnia, porque a sua luz brilhará acima dessas sombras.

Essa é a Lei.

Lembre-se desta afirmação de Jesus: "A sabedoria será justificada pelas próprias obras". (Mt 11, 19).

O HOMEM BOM TIRA DO TESOURO BOM COISAS BOAS E O HOMEM MAU TIRA DO TESOURO MAU COISAS MÁS

Você tem Poder Infinito, que se manifesta de acordo com o seu pensamento.

O pensamento é uma realidade mental que se torna realidade física.

Se o seu pensamento é sempre positivo, se a sua mente é positiva, dessa mente positiva você tira todas as coisas boas da sua vida.

Mas, se você tem a mente má, negativa,

só extrairá dessa mente coisas negativas, e você será, por consequência, uma pessoa má e negativa.

Seu tesouro é mau e por isso você também é mau. Porque – afirma o próprio Jesus – a boca fala do que vai no coração. Seu tesouro é o seu coração.

O QUE ENTRA PELA BOCA NÃO TORNA O HOMEM IMPURO, MAS O QUE SAI DA BOCA ISTO É QUE TORNA O HOMEM IMPURO

No tempo de Jesus, havia proibições de comer certas comidas por serem consideradas impuras.

Hoje, possivelmente, existem pessoas que julgam os outros pelas aparências exteriores, como pelas roupas, pelo tipo de vestimenta, por qualquer espécie de exterioridade. No entanto, o que torna o homem impuro é o mal que sai do interior pela boca. Porque a palavra é a manifestação do pensamento e o pensamento produz a realidade interior boa ou má, pura ou impura.

Se da sua boca saírem apenas palavras de amor, de paz, de alegria, de saúde, de bondade, de carinho, de compreensão, de generosidade, de perdão; se da sua boca saírem somente palavras positivas – significa que você é uma pessoa pura, límpida, agradável, maravilhosa, positiva.

A pureza e a impureza não estão fora, mas dentro da pessoa.

Como disse o Nazareno: *"Pelas tuas palavras serás declarado justo; pelas tuas palavras serás condenado". (Mt 12, 37).*

É PRECISO TORNAR-SE COMO CRIANÇA PARA ENTRAR NO REINO DOS CÉUS

O reino dos céus é o estado de harmonia e felicidade. Este estado é mental. Foi Jesus quem o afirmou, ao dizer: "O reino dos céus está dentro de vós mesmos."

O caminho – segundo o Mestre – para se entrar no reino dos céus é ser como a criança.

Como é uma criança?

Simples;

clara e direta nos seus pensamentos;

acredita sem titubear;

só vê o bem;

não faz distinção de pessoas e nem de cor,

raça, cultura ou poder aquisitivo;
ama e não guarda rancor;
confia;
naturalmente alegre;
perdoa logo e esquece;
positiva;
pura mentalmente.

Estes são os requisitos mentais para uma pessoa viver no reino dos céus.

QUEM NÃO RENASCER PELA ÁGUA E PELO ESPÍRITO NÃO ENTRARÁ NO REINO DOS CÉUS

Jesus veio pregar um mundo novo. Mostrou o caminho do reino de Deus.

Ensinou a Verdade e a Vida. Falou de uma nova era de amor. Disse que a fé é a Lei todo-poderosa que tudo alcança. E disse que todos os que recebessem a sua mensagem teriam o poder de se tornarem filhos de Deus.

Na verdade, Jesus está acenando para uma vida nova num mundo novo. É impossível acreditar neste paraíso se a pessoa não se desfaz das velhas ideias, dos velhos hábitos, dos medos, das crenças, dos conceitos negativos. Enfim, é preciso nascer de novo para viver, desde o começo, nesse novo planeta, nesse novo mundo, nesse reino dos céus.

Somente quem renascer pela água e pelo espírito entrará no reino dos céus – disse Jesus.

Renascer pela água? – A água é o símbolo da limpidez, da purificação, da lavação; o corpo e a mente serão límpidos e saudáveis como a água pura.

Renascer pelo espírito? – Depois de lavar o passado, com todo o seu acervo de crenças, hábitos, tabus, culturas, sistemas e tudo o mais, nasce em você o Espírito da Verdade e da Luz. Seu espírito se ilumina com o Bem. Seus pensamentos são positivos.

Pelo espírito você se torna outra pessoa, sem medos, perturbações ou preocupações. Sabe que Deus é em você e, por isso acredita ser guiado por Deus, protegido por Deus e detentor do poder de Deus. Somente quem deixar os padrões do passado pode chegar a esse estado de espírito.

Se você chegou à outra margem, ser-lhe-á simples e fácil entender e aceitar a Lei todo-poderosa do Pedi e Recebereis, porque, se Deus é em você e Deus tudo pode, consequentemente você tudo pode.

O Espírito da Verdade iluminará você e

dirá o que é bom e benéfico.

Para saber se você renasceu pelo espírito verdadeiramente, use o método ensinado por Jesus: Pelos frutos se conhece a árvore. Se é alegre, positivo, agradável, saudável, cheio de amor e de fé – você na verdade renasceu. Nesse caso, está vivenciando o reino de Deus dentro e fora de si.

TODA ÁRVORE BOA PRODUZ BONS FRUTOS; TODA ÁRVORE MÁ PRODUZ MAUS FRUTOS

Esta é, também, uma Lei verdadeira e infalível. Se a sua mente é límpida, positiva, saudável – você é pessoa límpida, positiva e saudável. O mundo que semeia na mente, é o mundo que você colhe.

É impossível que seu mundo interior seja bom, ligado em Deus, se você é pessoa má, injusta, desagradável, triste, perturbada e preocupada.

Plante, desde já, somente a boa semente do amor, da paz, da felicidade, da confiança, da alegria, da bondade, do sucesso, da harmonia, do poder, da saúde, da abundância – e você colherá todos esses frutos. Essa é a Lei.

TEU OLHO É A TUA LUZ

Disse Jesus: *"Teu olho é a lâmpada do teu corpo. Se teu olho for simples, estará em luz todo o teu corpo; mas, se ele ficar mau, o teu corpo será tenebroso. Cuidado, pois, que não se torne em trevas a luz que em ti está! Se o teu corpo for todo luminoso, sem nenhum ponto escuro, então, sim, estará tudo em plena luz, como quando a luz te ilumina com seus fulgores". (Lc 11, 35-36).*

Em primeiro lugar, considere que Jesus não fala em olhos, mas em olho, também chamado terceira visão, olho de Cíclope, olho de Shiva, olho Crístico.

Segundo entendidos, este olho se situa no centro da testa, à altura do final do nariz. Talvez você até já tenha visto em gravuras a ilustração desse olho entre os dois olhos físicos.

Trata-se de um olho mental ou espiritual. Mas verdadeiro.

Hoje, parece um olho desativado. Mas Jesus, que conhecia profundamente todos os caminhos das ciências ocultas e mentais, sabia que esse olho, centro de irradiação mental e física, pode ser conduzido para o bem ou para o mal.

Este é o olho da clarividência. É o olho que

projeta luz para dentro ou projeta luz de dentro para fora. O desenvolvimento dessa terceira visão acontece quando uma pessoa está num estágio superior mentalmente.

Huberto Rohden, em seu livro A Mensagem Viva do Cristo, assim escreve a respeito destas palavras de Jesus: "Teu olho é a luz do teu corpo": "Estas palavras misteriosas de Jesus são frequentemente mal traduzidas. Jesus não fala de olhos, mas de olho; opõe simples a mau. Os iniciados orientais falam do "terceiro olho", que, no homem de hoje, está quase totalmente atrofiado. A sede desse "olho de Shiva" ou "olho do Cristo" se acha no meio do cérebro, numa pequena glândula, e sua manifestação interna se localiza na base da testa entre as sobrancelhas. Somente pessoas altamente intuitivas ou místicas sabem utilizar-se dessa terceira visão, que lhes faculta ver realidades imateriais.

O pleno desenvolvimento desse olho simples projetaria uma luz benéfica em todo corpo humano, dando-lhe extraordinária clarividência e cosmovidência."

Lauro Larrea de Queiroz, em seu livro Pesquisa da Mente, escreve: "Sabem vocês de onde partem os pensamentos? De que ponto são eles emitidos? Exatamente deste ponto ultrassensível que temos no centro da testa, desta minúscula glândula que tem vários nomes – "Terceiro Olho", "Terceira Visão", "Olho de Shiva" ou "Cíclope", segundo chamavam os gregos da Antiguidade, denominação que prefiro conservar por estar ligada a eventos históricos."

Talvez possamos dizer que o "olho" a que se refere Jesus é o Poder Criador de cada pessoa. É a Luz Criadora dos pensamentos, das imagens, das visões, das clarividências, das Forças Interiores. É, simplificando, a mente total.

"Teu olho é a lâmpada do teu corpo. Se o teu olho for simples, estará em luz todo o teu corpo; mas, se ficar mau, o teu corpo será tenebroso."

Jesus diz que, se o seu olho for simples, ou seja, bom – porque ele emprega a palavra simples em contraposição a mau – seu corpo estará em luz.

Mente positiva tem como resposta um corpo positivo.

Mente negativa, má, tem como resultado um corpo mau, ou seja, doente, obscurecido, sem energias.

Se você usa o Poder Mental positivamente, estará em luz todo o seu corpo; se usa o poder mental, (extrassensorial, mediúnico), negativamente, seu corpo estará em trevas e você será uma pessoa doente.

É o lema: Mens sana in córpore sano. Uma mente sadia cria um corpo sadio.

PEDI E RECEBEREIS

Tudo o que você deseja, já lhe pertence. Ao pedir, está obtendo a resposta.

O pensamento cria, o desejo atrai, a fé garante, o poder realiza.

Tudo o que você pede e acredita que, pelo fato de pedir, recebe, infalivelmente obterá.

Esta é uma Lei que não falha. Se colocar as premissas corretamente, o resultado nunca pode falhar.

Acredito que esta foi a grande revelação de Jesus. Esta Lei tem a força de curar doenças, gerar abundância, mudar temperamento, produzir bem-estar, superar vícios, criar paz, alegria e calma, realizar desejos de amor. Grande Lei. Estupenda Lei.

Quando você pede algo e não alcança, não desconfie da veracidade da Lei. Procure a falha em você e não na Lei.

Se colocar uma tomada de luz na sua casa e ela não liga a eletricidade, foi a Lei da eletricidade que falhou ou foi você? Sabe que o erro foi seu, tanto que trata de rever a ligação. Assim é com a Lei do Pedi e Dar-se-vos-á.

NÃO VOS PREOCUPEIS

Sem dúvida, a grande aflição da criatura humana é a luta pela subsistência e para acumular bens que garantam vida digna e confortável.

Na primeira era, a humanidade se dedicava ao trabalho braçal a fim de, pelo suor do rosto, prover as próprias necessidades. E, no meio desta luta pela vida, a Bíblia situa o primeiro assassinato do mundo, quando Caim matou Abel por inveja e desentendimentos nas ofertas a Deus de produtos cultivados e animais de criação.

Depois, surgiu a era intelectual e a inteligência foi posta a serviço da economia, nascendo as indústrias que multiplicaram os bens de consumo.

Nesta época, em que a luta pelos bens materiais leva a humanidade a um desgaste físico quase insuportável, é indispensável que se vá buscar, finalmente, na sabedoria do Mestre, a solução para o problema material, antes que os enfartes, os derrames, as úlceras, as gastrites, as tensões, os estresses, as depressões e todo um vasto corolário de doenças dizimem a humanidade.

Diante de toda essa correria e agitação, o Mestre avisa: *"Não vos dê cuidados a vida, o que haveis de comer e o que haveis de beber; nem o vosso corpo, o que haveis de vestir. Não vale, porventura, mais a vida que o alimento e o corpo mais que a vestimenta?*

Considerai as aves do céu; não semeiam nem ceifam, nem recolhem em celeiros.

Vosso Pai celeste é que lhes dá de comer.

Não sois vós, acaso, muito mais do que elas?

Quem de vós pode, com todos os seus cuidados, prolongar a sua vida por um palmo sequer?

E por que andais inquietos com o que haveis de vestir? Considerai os lírios do campo, como crescem; não trabalham, nem fiam, e, no entanto, vos digo que nem Salomão em toda a sua glória se vestiu jamais como um deles. Se, pois, Deus veste assim a erva do campo, que hoje existe e amanhã é lançada ao forno, quanto mais a vós, homens de pouca fé!

Não andeis, pois inquietos, nem digais: que havemos de comer? Que havemos de vestir? Os mundanos é que se preocupam com todas essas coisas. Vosso Pai celeste sabe que de tudo isto haveis mister. Buscai, pois, em primeiro lugar o reino de Deus e sua justiça e todas essas coisas vos serão dadas por acréscimo.

Não andeis, pois, solícitos pelo dia de amanhã; o dia de amanhã cuidará de si mesmo; basta a cada dia a sua lida." (Mt 6, 25-34).

Jesus ensina que não há mais necessidade de se preocupar com a comida e nem com a vestimenta; tampouco com o futuro. O Pai celeste provê tudo.

"Pedi e dar-se-vos-á".

"Haverá entre vós quem dê a seu filho uma pedra, quando lhe pede pão? Ou quem lhe dê uma serpente, quando lhe pede peixe? Se, pois, vós, sendo maus, sabeis dar coisas boas aos vossos filhos, quanto mais vosso Pai que está nos céus dará coisa boa àqueles que lha pedirem." (Mt 7, 7-12).

"Em verdade, em verdade vos digo: Se pedirdes alguma coisa ao Pai em meu nome, vo-la dará. Até agora nada pedistes em meu nome. Pedi e recebereis e será completa a vossa alegria." (Jo 16, 24).

Jesus mostra que a riqueza, os bens materiais, se alcançam pela mente, através do pedido, da mentalização.

O caminho ensinado por Jesus é este: crie na sua mente o que você quer; dirija o seu pedido ao Pai, que está nos céus da mente, e ele, que sempre atende, fará chegar a você tudo que foi pedido.

Para que as pessoas céticas parassem de duvidar, ele mostrou que não havia nada de anormal nisso tudo. Se até os pais, sendo maus, ou seja, não tendo alcance intelectual mais profundo e perfeito do Bem, sabem dar coisas boas aos filhos, por que duvidar que o Pai celeste, que criou cada ser humano, inclusive você, dê o que lhe for pedido?

Acha você que o que pede é algo difícil ou grande demais em comparação com esse imenso universo criado por Deus, com trilhões de estrelas, incontáveis grãos de areia, minerais de incalculável valor, infinitas gotas de água, árvores, aves, animais, pedras, rochas, montanhas?

Quando você invoca o mesmo Poder criador do mundo – tudo se torna fácil.

Jesus nunca ficou à margem da vida material. Ele e seu grupo tinham um tesoureiro encarregado de providenciar a comida e tudo o mais que fosse necessário. Por que haveria de passar fome ou necessidades quando o próprio Deus que criou a grandiosidade material do mundo era imanente nele?

Somente agora, que a humanidade está de posse da Lei do "Pedi e Recebereis", é possível viver uma vida sem preocupações, dormindo em paz e tranquilamente cada noite, sem pensar no dia de amanhã.

Jesus ensinou a usarmos o que hoje a Ciência da Mente reconhece que é uma Lei infalível e universal: o que você pede, o que você pensa e deseja, o que você mentaliza, acontece, porque o subconsciente é acionado para executar. No âmago do subconsciente está o Eu Superior. Se quiser usar outra linguagem, no coração humano habita o Pai.

Não só Jesus faz esta afirmação, mas todos os grandes pensadores da Ciência da Mente afirmam a mesma coisa. Todas as correntes mentais espiritualistas, ou quase todas, afirmam também assim. E não podia ser diferente, porque se trata de um princípio universal.

Agora que você conhece o mapa da mina que lhe traz tudo o que deseja, não se preocupe mais com nada, dê esmolas, leve uma vida feliz.

A sua mente não deve estar tomada de promissórias, cheques, cartões de crédito, dinheiro, contas a receber e a pagar. A mente deve estar inundada dos bens que a traça não corrói: alegria, amor, paz, bondade, felicidade, mansidão, coragem, harmonia e fraternidade.

O essencial, na vida, diz Jesus, é a gente viver no reino dos céus, isto é, ter o reino dos céus na mente. A felicidade é a razão de ser da vida humana e deve ocupar todos os espaços da dimensão interior. Quanto às riquezas, é só pedir, e pronto. Porque a palavra, o pensamento acreditado, o desejo forte, a oração frutuosa, produzem a realidade física do seu conteúdo.

Esta foi uma das mais estupendas e incríveis revelações de Jesus. Revolucionária sob todos os pontos de vista.

Quando uma pessoa duvida desta Lei universal ensinada pelo Mestre, está pondo por terra a Lei básica das Verdades do Cristo – a fé.

> Quanto ao poder, aquele que crê, tudo pode. Ora, se pode tudo, pode criar a sua riqueza e o seu bem-estar no tamanho e na medida em que o desejar.

"A fé – insiste o Mestre – é crer na realização da sua palavra."

Então, crie, pela palavra, a sua casa, o seu salário, o seu emprego, a sua comida, a sua vestimenta, o seu bem-estar, e o Pai a tudo proverá.

A fé produz as obras. Não existe fé sem obras.

A fé conduz à realização. Por isso, é impossível mentalizar com fé e nada acontecer.

Quem tiver ouvidos para ouvir, ouça; quem tiver olhos para ver, veja – alertou o Mestre.

No dia em que se chegar à compreensão dessa Lei – o mundo se modificará e a vida se tornará amena, alegre, saudável, gratificante, despreocupada.

Pois, chegou a sua vez. Quem sabe faz a hora.

CAPÍTULO 15

BEM-AVENTURANÇAS

"Bem-aventurados os calmos,
porque possuirão a terra".
(Mt 5,3-10).

O Sermão da Montanha foi um grande momento de profunda inspiração espiritual. Jesus havia subido ao monte para orar. E passou a noite toda em oração com Deus. Deste extraordinário encontro com o Pai e o Espírito Santo, brotou no seu íntimo a sabedoria gloriosa das bem-aventuranças, que formam um belo e proveitoso código de vida.

Emmet Fox, em seu livro O Sermão da Montanha, diz: "As Bem-Aventuranças são realmente um poema em prosa composto de oito versos, que constituem praticamente um sumário de todos os ensinamentos de Cristo. É uma sinopse mais espiritual do que literária, que sintetiza mais o espírito dos ensinamentos do que sua expressão. Esse resumo é muito característico do antigo método oriental de ensinar religião e filosofia e lembra o caminho de Oito Voltas do budismo, os Dez Mandamentos de Moisés e outras sínteses de ideias.

Jesus preocupou-se exclusivamente – continua Fox - em ensinar princípios mentais, pois ele sabia que quando os estados mentais da pessoa são corretos, tudo o mais segue o caminho certo".

H. Spencer Lewis, no seu livro A Vida Mística de Jesus, escreve: "O famoso sermão da montanha representa uma imagem do Reino dos Céus que Jesus estava conseguindo que todos sentissem em seus corações. Pedia-lhes que jejuassem, fizessem grandes sacrifícios, sofressem ou fizessem públicas penitências? Nada disso foi recomendado por Jesus; simplesmente, dizia que todos deviam levantar os olhos e harmonizar o seu espírito com o novo Reino. "Bem-aventurados os pobres em espírito, pois deles é o reino dos céus", era o consolo que oferecia aos oprimidos, aos que estavam tristes e em desespero.

As quatro bem-aventuranças por Ele apresentadas: o maravilhoso poder da humildade, a compaixão pelos semelhantes, a bondade de coração, e a fome e sede de justiça, eram as doutrinas místicas ou os princípios espirituais que ensinava como caminho para o Reino dos Céus. E como místico sino de prata dos templos antigos, o puro e primitivo princípio soava: "Bem-aventurados os limpos de coração, porque verão a Deus.

Até mesmo a doutrina da regeneração não exigia sacrifícios materiais ou físicos, ao contrário de outras que deixavam desalentadas as multidões".

Vamos ver as bem-aventuranças, explicadas em si mesmas e por outras afirmações do Mestre.

BEM-AVENTURADOS OS POBRES PELO ESPÍRITO, PORQUE DELES É O REINO DOS CÉUS.

Esta bem-aventurança é muitas vezes mal interpretada, porque lida às pressas, com olhos ideológicos. Jesus está dizendo, com toda sabedoria, que o seu mundo material não deve entrar no seu coração. Use os bens materiais tanto quanto necessitar ou desejar, mas os mantenha sempre do lado de fora. O seu coração deve ser apenas morada do amor, da paz, da alegria, do reino dos céus, da bondade, e de tudo que significa o universo superior.

Não guarde a matéria no coração – é o que ensina o Mestre.

O espírito é outra dimensão, que nada tem a ver com o mundo material.

Jesus não está condenando a riqueza e nem fazendo apologia da pobreza. Apenas coloca cada coisa no seu lugar. O que é de dentro deve ocupar o lugar de dentro e o que é de fora deve ocupar o lugar de fora. Essa é a sabedoria.

Sim, bem-aventurado é você, que usa as riquezas criadas pelo Pai Celestial, sem tomar-se de preocupações.

Assim recomendou o Mestre: *"Pelo que vos digo: Não vos dê cuidados a vida, o que haveis de comer; nem o corpo, o que haveis de vestir. Porque mais vale a vida que o alimento, e mais o corpo que o vestuário.*

Considerai os corvos: não semeiam, nem ceifam, não têm despensa nem celeiros – Deus é que lhes dá de comer. Quanto mais não valeis vós do que as aves! Quem de vós pode, com todos os seus cuidados, prolongar a sua vida por um palmo sequer? Se, portanto, nem sois capazes de cousa tão pequenina, por que vos dais cuidados do mais?

Considerai os lírios, como crescem: não trabalham, nem fiam; e, no entanto, vos digo que nem Salomão, em toda a sua glória, se vestiu jamais como um deles. Se, pois, Deus veste assim a erva que hoje está no campo, e amanhã será lançada ao forno, quanto mais a vós, homens de pouca fé!" (Lc 11, 22-31).

"Pedi e recebereis, buscai e achareis, batei e abrir-se-vos-á. Porque quem pede recebe, quem procura acha, e a quem bate abrir-se-lhe-á.

Quando algum dentre vós pede pão a seu pai, será que este dará uma pedra? ou, quando lhe pede um peixe, lhe dará, em vez do peixe, uma serpente? ou quando lhe pede um ovo, lhe dará um escorpião? Se, pois, vós, apesar de maus, sabeis dar coisas boas aos vossos filhos, quanto mais vosso Pai celeste dará o Espírito Santo aos que lho pedirem". (Lc 11, 9-13).

BEM-AVENTURADOS OS QUE AGORA CHORAIS, HAVEIS DE RIR.

Deixemos de lado a ideia de que Jesus esteja recomendando o choro, a tristeza e o sofrimento, com a promessa de que na outra vida encontraremos o riso, a consolação e a alegria.

O Mestre está pedindo que você não desanime diante do sofrimento e das situações dolorosas. Aceite com paciência o fato, mas acredite que logo as suas lágrimas se transformarão em riso e alegria.

Olhe para frente e para o Alto, ao invés de ficar mergulhado na própria desgraça.

Acredite que depois da tempestade vêm os mais lindos dias de sol.

Haveis de rir! Haveis de rir!

Em momentos de desespero, invoque o amor do Pai.

Nas horas de amargura, lembre Jesus: *"Vinde a mim todos que andais aflitos e sobrecarregados e eu vos aliviarei". (Mt 11, 25).*

"Até agora nada pedistes, pedi e recebereis para que a vossa alegria seja completa". (Jo 16,24).

"Ide e contai (a João) o que ouvis e vedes: os cegos veem, os coxos andam, os leprosos tornam-se limpos, os surdos ouvem, os mortos ressuscitam, e aos pobres é anunciada a boa nova." (Mt 11, 4-6).

" Andareis tristes, mas a vossa tristeza se converterá em alegria." (Jo 16,16).

"Assim, também vós andais aflitos agora, mas tornarei a ver-vos e alegrar-se-á o vosso coração, e já ninguém vos tirará a vossa alegria". (Jo 16, 22).

"Digo isto para que eles, no mundo, tenham em si a plenitude do meu gozo". (Jo 17, 6-19).

"Ainda hoje estarás comigo no Paraíso". (Lc 23, 43).

"Talitha, cumi! Menina, levanta-te!" (Mc 5, 41).

BEM-AVENTURADOS OS CALMOS, PORQUE POSSUIRÃO A TERRA.

Na verdade, o calmo tem a mente mais aberta, tem maior discernimento e suas decisões são tomadas em união com o Pai celeste, que está no âmago de cada pessoa.

"Tudo o que pedirdes ao Pai, em estado de oração, crendo que haveis de alcançar, alcançareis". (Mc 11,26).

Os calmos são os que conquistam amigos, conquistam posições, conquistam bens terrenos, conquistam as boas coisas da vida. E a sua vida será longa e abençoada.

Calma é qualidade essencial de saúde. A calma é o antiestresse.

O estado de calma baixa o ritmo cerebral

e, dessa forma, permite que o raciocínio seja profundo, límpido, inteligente e com maior discernimento.

A calma abre as portas da criatividade.

É por isso que os calmos possuirão a terra, ou seja, a riqueza material.

BEM-AVENTURADOS OS MISERICORDIOSOS, PORQUE ALCANÇARÃO MISERICÓRDIA.

Misericórdia é virtude das pessoas de bom coração. Pela Lei do Retorno, esses sempre alcançarão misericórdia.

Sobre compaixão e misericórdia, disse ainda o Mestre:

"Tudo o que quereis que os homens vos façam, fazei-o também a eles; pois é nisto que consiste a lei e os profetas". (Mt 7, 12).

"O homem bom tira do tesouro bom coisas boas". (Mt 12, 35).

"Misericórdia é o que eu quero e não sacrifício". (Mt 9,13).

"Não vim chamar os justos, mas os pecado-

res". (Lc 5,32).

"Até mesmo um copo de água dado a um desses pequeninos não passará sem recompensa". (Mt 10,42).

"Por isso, vos digo que todo o pecado e qualquer blasfêmia serão perdoados aos homens". (Mt 12, 31).

"É vontade do Pai celeste que não venha a perder-se um só destes pequeninos". (Mt 18, 14).

"...Perdoei-te toda a dívida, porque me pediste; não devias tu também ter compaixão de teu companheiro, assim como eu tive compaixão de ti?" (Mt 18, 32-33).

"...Não hesites em fazer as pazes com o teu adversário, enquanto estiveres em caminho com ele..."(Mt 5, 25).

"...Quando, pois, deres esmola...teu Pai, que vê o que é oculto, te há de recompensar." (Mt 6, 3-4).

"Os teus pecados te são perdoados". (Lc 7, 48).

BEM-AVENTURADOS OS PUROS DE CORAÇÃO, PORQUE VERÃO A DEUS.

Não raro, há pessoas que confundem pureza de coração com vida celibatária. Jesus se refere ao coração afetivo e não ao sexo.

Se você quer chegar a Deus no seu íntimo, os canais do seu coração não podem estar bloqueados pelo ódio, pela vingança, pela desonestidade, pela violência, pelo desespero, pela incredulidade.

Coração puro é equivalente a mente positiva, otimista, confiante, cheia de fé.

Também falou Jesus:

"Escutai e compreendei bem! O que entra pela boca não torna o homem impuro; mas o que sai da boca, isto é que torna o homem impuro... Tudo o que entra pela boca vai para o estômago e daí é lançado fora... Mas o que sai da boca vem do coração, e isto é que torna o homem impuro. Porque do coração é que vêm os maus pensamentos, os homicídios, os furtos, as blasfêmias, os falsos testemunhos – e são estas coisas que tornam o homem impuro." (Mt 15, 11-20).

"Com quem hei de comparar esta geração? São

como crianças sentadas na praça a gritar a seus companheiros:

A flauta vos tenho tocado – e não bailastes.

Cânticos tristes tangemos – e não chorastes.

Apareceu João Batista, que não comia nem bebia – e diziam: Está possesso do demônio. Apareceu o Filho do homem, que come e bebe – e dizem: Eis aí um comilão e bebedor de vinho, amigo de coletores e pecadores! Entretanto, a sabedoria foi justificada pelas suas próprias obras".(Mt 11, 16-19).

Só quem tiver a mente límpida, sem poluição, positiva, otimista, pura, poderá ver o Pai que está no íntimo, porque este é o caminho pelo qual o Pai se manifesta no coração de cada um.

BEM-AVENTURADOS OS PACIFICADORES, PORQUE SERÃO CHAMADOS FILHOS DE DEUS.

O mundo dos filhos de Deus, o mundo herdado do Pai, é um mundo de paz, de bom entendimento, de concórdia e de amor, por isso todo aquele que ajuda a criar a paz entre os filhos dos homens, este será chamado realmente e legitimamente filho de Deus.

Outras manifestações do Nazareno:

"Quem é minha mãe e quem são meus irmãos? E estendendo a mão para os seus discípulos, disse: "Eis aí minha mãe e meus irmãos! Pois quem cumpre a vontade de meu Pai celeste, esse é meu irmão, irmã e mãe". (Mt 12, 48-50).

E, se é meu irmão, como eu sou filho de Deus, esse também é filho de Deus.

A vontade do Pai é que você seja perfeito, viva em paz, oferecendo a paz, e dizendo a todos: "A paz esteja convosco."

Não se preocupe se o outro merece ou não a paz, pois não pertence a você julgar os outros.

"Amai vossos inimigos e orai pelos que vos perseguem para que sejais filhos de vosso Pai celeste, ele que faz nascer o sol sobre bons e maus e faz chover sobre justos e injustos."(Mt 5, 44-45).

"Deixo-vos a paz, a minha paz vos dou". (Jo 14,27).

BEM-AVENTURADOS OS QUE SOFREM PERSEGUIÇÃO POR CAUSA DA JUSTIÇA, PORQUE DELES É O REINO DOS CÉUS.

Não se perturbe e nem se preocupe com os que perseguem e não aceitam o bem que está a semear, pois Jesus está com você todos os dias até a consumação dos séculos, como prometeu.

"Ninguém lançará mão de ti para te fazer mal."

Todo mal que tentarem contra você, retornará multiplicado a quem o desferiu. Você, que busca a justiça, a paz, o amor, a saúde; você, que dá a mão ao seu próximo, procurando fazer o bem; você, que é simples como as crianças e só vê o Bem nos outros – sim, você está desde já no reino dos céus e sua alegria será perene.

BEM-AVENTURADOS OS QUE SOFREM FOME E SEDE DE JUSTIÇA PORQUE SERÃO SACIADOS.

Sim, bem-aventurado é você que faz aos outros o que deseja que façam a você, pois sabe que justiça é "fazer ao outro o que deseja que o outro faça a você".

"Então, não condenaríeis a inocentes". (Mt 12,8).

"Com a medida com que medirdes, sereis medidos". (Mt 7, 2).

"Como julgardes, sereis julgados". (Mt 7, 1).

Faça o bem, sem julgar a ninguém, pois só o Pai, que está nos céus, é que pode julgar.

Ser justo é ser bom. Ser justo é ter coração simples, generoso, bondoso, condescendente. Ser justo é fazer o bem, sem olhar a quem, pois todos somos filhos do mesmo Pai.

Se assim você fizer, será saciado, colhendo multiplicadamente os frutos do amor, da paz, da bondade, da generosidade, da condescendência, e a sua vida será abundante de todos os bens.

CAPÍTULO 16

OS CONTRA JESUS

"Ele é bom" – diziam uns.
Qual – tornavam outros – engana o povo".
(Jo 7, 13).

Hoje soa algo estranho encontrar alguém que seja contra Jesus. Sua mensagem surge límpida e grandiosa diante de todas as pessoas que o conhecem. Sua caminhada foi semeadura de bênçãos, curas, milagres e amparo aos desvalidos.

Mas, retorne comigo dois mil anos e vamos ver o ambiente no qual Jesus viveu e transmitiu a sua Boa Nova aos povos.

Dominava a religião judaica, cujas raízes se fixavam em Moisés. Tanto a política como a religião andavam de mãos dadas: os políticos, anciãos, escribas, príncipes dos sacerdotes e sumos-sacerdotes eram religiosos e quase todas as autoridades religiosas eram autoridades políticas. Estamos diante de um país teocrático, apesar do domínio romano. A lei era a palavra de Deus, trazida pelos profetas e pelos Mestres de Israel. Essa lei era ensinada e exigida pelos governantes que, como em qualquer época e lugar, nem sempre agem no espírito da palavra mas na letra da lei. Os hábitos e costumes religiosos foram ganhando tradição dentro da vida social. Havia, ao natural, muitos exageros e equívocos na interpretação e no cumprimento das leis, cujos arautos eram os sacerdotes e governantes.

Jesus surgiu dentro desse cenário. Viu que muita coisa estava errada, exagerada, ou descumprida. E passou a ensinar a sua mensagem de forma clara, límpida, simples, usando a linguagem e as imagens entendidas pelo povo.

"O sábado foi feito para o homem, e não o homem para o sábado". (Mc 2, 28).

Mas, este homem que peregrinava pelos caminhos, cidades e povoados da Judeia,

Galileia e Samaria, realizava por toda parte extraordinários milagres e curas. O povo passou a ver nele um grande Profeta, que produzia obras maravilhosas pelo poder de Deus.

Quando Jesus esteve em Sicar, cidade da Samaria, revelou tudo sobre a vida de uma mulher, que fora apanhar água, no poço de Jacó, onde o Mestre descansava. A mulher foi à cidade e contou ao povo. Este foi ouvir Jesus e exclamou para a mulher: *"Já não é por causa das tuas falas que cremos; mas porque nós mesmos o ouvimos e sabemos que este é realmente o Messias". (Jo 4, 39-42).*

"Vendo o povo o feito poderoso que Jesus acabava de realizar, exclamou: "Este é realmente o profeta que deve vir ao mundo". (Jo 6, 1-15).

Alguns setores, porém, não gostavam de Jesus porque ele ensinava com independência. Principalmente os doutores da lei, os escribas e os sacerdotes tinham muitas reservas contra Jesus e sempre saíam à procura e à caça de algum erro do Mestre para execrá-lo. Eles não olhavam o bem que Jesus estava realizando; iam em busca do mal, do erro, da contradição. Por isso, Jesus teve muitos opositores.

Os judeus queriam apedrejá-lo.

Disseram os discípulos a Jesus, quando ele falou para voltarem à Judeia: *"Mestre, ainda há pouco queriam os judeus apedrejar-te, e vais lá outra vez?"*

Jesus foi tachado de enganador, louco, endemoninhado, fora de si, perigoso, herege. Contra ele estavam muitos judeus, doutores, escribas, herodianos, anciãos, príncipes dos sacerdotes, sumos-sacerdotes, saduceus, familiares, fariseus.

"Por ocasião da solenidade – escreveu o evangelista João - procuravam-no os judeus, e inquiriam: "Onde está ele?" Muito se falava nele entre o povo. "Ele é bom" – diziam uns. "Qual – tornavam outros – engana o povo". (Jo 7, 13).

"Foram para casa – conta Marcos – e de novo tomou tal incremento o concurso do povo que nem podiam tomar alimento. Quando os seus familiares souberam disto, saíram para o reter; porque diziam: "Está fora de si". (Mc 3, 20-21).

Em outra oportunidade, Marcos volta a citar os parentes de Jesus: *"Partindo daí, foi em demanda da sua cidade-pátria, acompanhado dos discípulos. No sábado imediato, ensinou na sinagoga. Os seus numerosos ouvintes pasmavam de sua doutrina, perguntando: "Donde lhe vem isto? Que sabedoria, essa, que lhe foi dada! E que obras poderosas se realizam pelas mãos dele! Não é este o carpinteiro, filho de Maria e irmão de Tiago, José, Judas e Simão? E não moram aqui entre nós suas irmãs?"*

E foi para eles motivo de tropeço.

Jesus, porém, lhes disse: "Em parte alguma encontra o profeta menos estima do que em sua pátria, entre os seus parentes e na casa própria."

Não lhe foi possível realizar nenhuma obra poderosa; apenas curou alguns doentes, impondo-lhes as mãos. Estava admirado da incredulidade deles". (Mc 6, 1-6).

Um profeta encontra dificuldades na própria terra, como assinalou Jesus, porque os conhecidos se fixam, não na mensagem e na figura interior do profeta, mas no personagem que costumaram ver em tempos idos. Isto é um obstáculo à fé. Como a fé é um princípio essencial para a realização de prodígios e curas, diz o Evangelho que "não lhe foi possível realizar nenhuma obra poderosa em Nazaré". Isto se deu porque os seus não se interessaram ou porque não acreditaram.

Quando trouxeram um paralítico para que Cristo o curasse, *"à vista da fé que eles tinham, disse Jesus ao paralítico: "Tem confiança, filho; os teus pecados te são perdoados". Formaram, então, alguns dos escribas este juízo consigo mesmos: "Este homem blasfema!" (Mt 9, 1-8).*

Aí está: Jesus, o blasfemo! Incrível!

Depois que Jesus curou um cego, em dia de sábado, observaram alguns fariseus: *"Esse homem não é de Deus, pois não guarda o sábado". (Jo 9, 13-16).*

Também foi tachado de comilão e beberrão: *"Veio João Batista, que não comia pão e nem bebia vinho – e dizeis: "Está possesso do demônio". Veio o Filho do homem, que come e bebe – e dizeis: "Eis aí um comilão e beberrão, amigo de coletores e pecadores". A sabedoria, porém, é reconhecida verdadeira por todos os seus filhos". (Lc 7, 31-35).*

Essas palavras acima são do próprio Jesus, referindo-se aos seus acusadores.

Agora, olhando da distância de dois mil anos, você vê o tamanho da mesquinhez de algumas pessoas.

Certa vez, narra João, Jesus falava do bom pastor e da sua identificação com o Pai.

"Por causa destas palavras se originou novamente uma dissensão entre os judeus. Muitos deles diziam: "Está endemoninhado e perdeu o juízo; por que o escutais?" Outros observaram: "Estas palavras não são de quem está endemoninhado. Pode, acaso, o demônio abrir os olhos aos cegos?" (Jo 10,

1-21).

Nessa passagem, novamente os judeus querendo desmoralizar Jesus, enquanto outros olhavam mais a fundo a questão, tal como acontece sempre e em toda parte. Nem as melhores pessoas escapam, às vezes, da maledicência.

Também os fariseus disseram que Jesus expulsava os demônios por meio do chefe dos demônios, enquanto que outros teciam os maiores elogios. Este é um quadro bastante frequente. Mas, veja o texto de Mateus: *"Depois de expulso o demônio, o mudo falava. Cheias de admiração, exclamaram as turbas: "Nunca se viu coisa assim em Israel!" Os fariseus, porém, diziam: "É por meio do chefe dos demônios que ele expulsa os demônios". (Mt 9, 32-34).*

Marcos relata que, ao passar Jesus para o território de Dalmanuta, vieram novamente os fariseus provocar discussão e colocá-lo à prova, pedindo um sinal do céu. (Mc 8, 10-13).

Os herodianos também se uniam aos fariseus para apanharem o Mestre em algum erro, como refere Marcos no capítulo sobre a questão do tributo. (Mc 12, 13-17).

Mas, a perseguição mais ferrenha a Jesus foi realizada pelos escribas, sacerdotes, sumos-sacerdotes e pelos anciãos do povo, que pertenciam a uma espécie de senado. Esse grupo formava o núcleo das autoridades políticas e religiosas.

"Regressaram a Jerusalém. Andava Jesus pelo templo, quando se chegaram a ele os sumo-sacerdotes, os escribas e os anciãos, e lhe perguntaram:

- Com que autoridade fazes estas coisas? Quem te deu o direito de fazer isto?

Replicou-lhes Jesus:

- Também eu vos farei uma pergunta; se me derdes resposta, dir-vos-ei com que autoridade faço isto. O batismo de João vinha do céu ou dos homens? Respondei-me?

Puseram-se eles a discorrer consigo mesmos: Se dissermos: do céu – replicar-nos-á: por que, pois, não lhe destes fé? Diremos: dos homens? Mas temiam o povo, porque toda a gente tinha João em conta de verdadeiro profeta.

Responderam, pois, a Jesus:

- Não sabemos.

Replicou-lhes ele:

- Pois nem eu também digo com que autoridade faço isto". (Mc 11, 27-33).

Pode-se perceber, por esta conversa, como Jesus era acuado pelas autoridades, que buscavam desmoralizá-lo perante o povo. Acontecimentos como este parecem obra apenas de um passado remoto, mas você também deve se interrogar profundamente e ver se não está usando de pretextos sutis para criticar, desfazer, desmoralizar, diminuir ou derrubar quem está alcançando fama ao seu redor.

Depois que o Mestre contou a parábola dos lavradores perversos, *"ainda na mesma hora procuraram os escribas e príncipes dos sacerdotes deitar-lhe as mãos; mas temiam o povo. É que tinham reparado que a parábola se referia a eles". (Lc 20, 9-19).*

Mateus narra que Jesus foi aprisionado *"por ordem dos príncipes dos sacerdotes e anciãos do povo".*

"Os esbirros levaram Jesus à presença do sumo-sacerdote Caifaz, onde se reuniram os escribas e anciãos".

Os escribas eram, por assim dizer, a câmara federal e os anciãos seriam o senado.

"Os príncipes dos sacerdotes e todo o sinédrio andavam em busca de algum falso testemunho contra Jesus, a fim de o condenarem à morte; mas não acharam, conquanto se apresentassem muitas falsas testemunhas."

Eis aí um aspecto revelador. A essas alturas, já não se preocupavam em colher Jesus em erro; buscavam forjar, às claras, acusações falsas para poderem apanhar o Rabi. Veja como funciona a mente humana. As pequenas maldades levam às grandes maldades.

Limpe você, desde já, a sua mente e veja sempre o bem nas outras pessoas.

Aliás, o próprio Jesus sabia que deveria padecer nas mãos dos seus inimigos.

Assim conta Mateus: *"Desde então, começou Jesus a declarar aos seus discípulos, que tinha de ir a Jerusalém, padecer muito da parte dos anciãos, escribas e sumos-sacerdotes, e ser morto; mas que ao terceiro dia havia de ressurgir". (Mt 16, 21).*

Talvez, ao terminar de ler este capítulo, você se faça esta colocação: Qual é o método para se emitir um julgamento um tanto quanto honesto e verdadeiro sobre uma pessoa?

É o Mestre quem responde, dizendo que ninguém tem condições de julgar ninguém: "Com a mesma medida com que medirdes, sereis medidos". Mas, então, como se saberá o que é certo e o que é errado? Jesus dá a chave: "Pelos frutos conhecereis a árvore". (Mt 12, 31-37).

Um dia, aconteceu este fato na vida do Rabi: "Nisto lhe disse João: "Mestre, vimos um homem que em teu nome expulsava demônios e lho proibimos, porque não vai conosco".

Respondeu-lhe Jesus: *"Não lho proibais; porque quem realiza obras poderosas em meu nome não pode logo dizer mal de mim. Quem não é contra vós é por vós. Quem vos der de beber um copo d'água em meu nome, por serdes do Cristo, em verdade vos digo que não ficará sem a sua recompensa". (Mc 9, 38-41).*

Assim ensinava, na verdade, Jesus: "Pelo fruto se conhece a árvore".

CAPÍTULO 17

O PODER DA ORAÇÃO

"E teu Pai,
que vê o que é oculto,
te há de recompensar".
(Mt 6, 5-14)

Vamos deixar, antes de tudo, que Jesus fale da oração.

Em Mateus, ele diz:

"Quando orardes, não procedais como os hipócritas que gostam de se exibir nas sinagogas e nas esquinas das ruas, orando a fim de serem vistos pela gente. Em verdade, vos digo que já receberam a sua recompensa. Tu, porém, quando orares, entra no teu aposento, fecha a porta e ora a teu Pai às ocultas; e teu Pai, que vê o que é oculto, te há de recompensar. Nem faleis muito quando orais, como

fazem os que cuidam ser atendidos por causa do muito palavreado.

Não os imiteis! Porque vosso Pai sabe o que haveis mister, antes mesmo de lho pedirdes. Assim é que haveis de orar: "Pai nosso que estás nos céus; santificado seja o teu nome; venha o teu reino; seja feita a tua vontade, assim na terra como no céu; o pão nosso de cada dia nos dá hoje; perdoa-nos as nossas dívidas, assim como nós perdoamos aos nossos devedores; e não nos deixes cair em tentação; mas livra-nos do mal". (Mt 6, 5-14).

Em Lucas, depois de citar de forma mais abreviada a oração do Pai Nosso, Jesus continua: *"Alguém de vós tem um amigo. Vai ter com ele, à meia-noite, com o pedido: Amigo, empresta-me três pães; porque um amigo meu chegou de viagem à minha casa, e não tenho o que servir-lhe.*

Mas, o de dentro responde: Não me incomodes! A porta está fechada e meus filhos estão comigo no quarto; não posso levantar-me para atender-te.

Digo-vos que, embora não se levante e lhe dê por ser seu amigo, não deixará, contudo, de levantar-se por causa da importunação, e dar-lhe quanto houver mister.

Pelo que vos digo: "Pedi e recebereis; procurai e achareis; batei, e abrir-se-vos-á. Porque quem pede recebe, quem procura acha, e a quem bate abrir-se-lhe-á".

Quando alguém dentre vós pede pão a seu pai, será que este lhe dará uma pedra? Ou quando lhe pede um peixe, lhe dará, em vez do peixe, uma serpente? Ou, quando lhe pede um ovo, lhe dará um escorpião? Se, pois, vós, apesar de maus, sabeis dar coisas boas aos vossos filhos, quanto mais vosso Pai celeste dará o Espírito santo aos que lho pedirem". (Lc 11, 1-13).

Mateus conclui as palavras de Jesus de forma um pouquinho diferente: *"Se, pois, vós, sendo maus, sabeis dar coisas boas aos vossos filhos, quanto mais vosso Pai que está nos céus dará coisa boa àqueles que lho pedirem". (Mt 7, 7-12).*

Certo dia, o Mestre assim falou: "Em verdade, vos digo que tudo o que ligardes sobre a terra será ligado também no céu; e tudo o que desligardes sobre a terra será desligado também no céu. Digo-vos, ainda, que qualquer coisa que dois de vós sobre a terra pedirem unanimemente, ser-lhes-á concedida por meu Pai que está nos céus; pois onde quer que dois ou três se acharem reunidos em meu nome, ali estou eu no meio deles". (Mt 18, 15-20).

"Tudo o que pedirdes ao Pai, em oração, crendo, alcançareis". (Mc 11, 24) e (Jo 16, 16-24).

Em primeiro lugar, Jesus diz que a oração

é infalível.

Não importa o que uma pessoa pedir na sua oração; se acredita, alcançará.

A oração, portanto, é todo-poderosa.

A QUEM É DIRIGIDA A ORAÇÃO

Toda oração é uma relação mental com o Pai, com o Deus interno da pessoa. Uns chamam de Eu Superior, outros dão o nome de Divindade, outros mais falam em Poder Infinito, Presença Infinita, Supremo Arquiteto do Universo, Criador. Há os que o invocam como Javé, assim por diante.

Se a oração é dirigida a Deus, fica claro que ele sabe o que vamos orar e pedir; mas é preciso orar; é necessário pedir, isto é, expressar através do pensamento, da imagem ou da palavra, porque este é o caminho. Sem pedir não há receber. Assim ensinou o Cristo.

O Pai, que habita o seu íntimo, só pode agir em você por meio de você e não em lugar de você.

Toda a palavra expressada com fé, ao Poder Infinito, obtém os resultados desejados.

Para entrar em oração é preciso penetrar o secreto do próprio ser. É preciso descer às profundezas da mente. É como se você descesse da superfície de suas preocupações, dos seus medos, descrenças e negativismos, até atingir as profundezas da dimensão divina. Ao alcançar este nível mental, você está em contato com o Pai, entrou em comunhão com Deus; então, a sua palavra é a própria palavra de Deus: contém o Poder Criador.

Para descer, ou subir, a este estado, use a meditação, a mentalização, a oração, o relax. Assim, você estará num nível perfeito, profundo, poderoso. Sua mente consciente entra em unidade com a mente subconsciente; seu pensamento se torna unívoco; existe o requisito da fé.

Jesus fala que quando os dois – a mente consciente e subconsciente – pedirem unanimemente, em uníssono, será concedido.

O Mestre insiste na persistência da oração, dizendo que às vezes é necessário bater e bater. Isto porque nem sempre somos levados por uma fé unívoca. Por vezes, nossa fé é vacilante e, neste caso, o pedido não tem muita força e a mensagem não chega ao Pai. Mas, se você repete, insiste, persiste, a multiplicação dessa energia vara as dúvidas da mente consciente, atinge o subconsciente, e chega ao Pai. É atendida.

O Pai está na mente, ou melhor, no céu da mente, ou, como querem alguns, no coração.

"Quando orardes, dizei: Pai Nosso que estás nos céus..."

Onde se situa esse céu? Dentro de si, fora de si, onde você quiser. O importante é usar a imaginação e sentir-se em comunhão com Deus.

CAPÍTULO 18

A VIDA É UMA FESTA

"Disse-vos isto para que
minha alegria esteja em vós
e seja perfeita a vossa alegria".
(Jo 15, 1-11).

Muitos encaram Jesus como um sofredor, um homem sombrio, que veio ensinar a austeridade, a severidade, a luta e o sofrimento. É exatamente o contrário.

Ele ensinou o caminho da realização pessoal.

Revelou que somos filhos de Deus.

Falou que, enquanto estivermos com ele, devemos alegrar-nos e festejar.

Pregou a alegria.

Disse que a vida é um banquete.

Certo dia, perguntaram os fariseus a

Jesus:

- Por que é que os discípulos de João e os os fariseus jejuam, ao passo que os teus discípulos não jejuam?

Respondeu-lhes Jesus:

- Podem, porventura, jejuar os convidados ao casamento, enquanto está com eles o esposo? Enquanto estiver com eles o esposo, não podem jejuar". (Mc 2, 18-22).

Disse, ainda, o Nazareno:

"Com que hei de comparar esta raça de gente? Com que se parecem eles? Parecem-se com crianças sentadas na praça, a gritarem umas às outras: "A flauta vos tenho tocado – e não bailastes. Cânticos tristes tangemos – e não chorastes".

Veio João Batista, que não comia pão e nem bebia vinho – e dizeis: "Está possesso do demônio". Veio o Filho do homem, que come e bebe – e dizeis: "Eis aí um comilão e beberrão e amigo de coletores e pecadores". A sabedoria, porém, é reconhecida verdadeira por todos os seus filhos". (Lc 7, 31-35).

Conta Lucas: *"Ouvindo isto um dos convivas, disse-lhe: "Feliz de quem se banquetear no reino de Deus!" (Lc 14,15).*

Jesus, então, comparou o reino dos céus a um grande banquete.

É de se notar que o primeiro milagre de Jesus foi realizado no banquete de um casamento, quando o Mestre transformou a água em vinho, para a alegria de todos.

A instituição da eucaristia também aconteceu na mesa, por ocasião da última ceia. E Jesus quis perenizar-se aqui na terra como pão e vinho do banquete divino.

O evangelista João coloca na boca de Jesus estas palavras:

"Como meu Pai me amou, assim vos tenho eu amado. Permanecei no meu amor. Se guardardes os meus mandamentos, permanecereis no meu amor, assim como eu também permaneço no amor de meu Pai, guardando-lhe os mandamentos. Disse-vos isto para que minha alegria esteja em vós e seja perfeita a vossa alegria". (Jo 15, 1-11).

"Para que a minha alegria
esteja em vós".

Isto significa que Jesus era pessoa alegre e desejava que toda a alegria que ele desfrutava interiormente e exteriormente estivesse também nos discípulos.

Noutra ocasião, fala de novo em alegria: *"...Assim também vós andais aflitos agora, mas tor-*

narei a ver-vos e alegrar-se-á o vosso coração, e já ninguém vos tirará a vossa alegria. Naquele dia já não me perguntareis coisa alguma.

Em verdade, em verdade vos digo: Se pedirdes alguma coisa ao Pai, em meu nome, vo-la dará. Até agora nada pedistes em meu nome. Pedi e recebereis – e será completa a vossa alegria". (Jo 16, 16-24).

Jesus, pregoeiro da alegria.

E se alguém está aflito e insatisfeito, peça o que precisa ao Pai, em nome de Jesus, e tudo será dado para que a alegria seja completa.

Uma das bem-aventuranças de Jesus, citada por Lucas, é esta:

"Bem-aventurados os que agora chorais – haveis de rir".

Jesus, nesta bem-aventurança, está pregando não o choro, mas a alegria e o riso. Já foi escrito sobre isso.

Todo o filho de Deus deve viver na alegria e no riso, porque a alegria e o riso são o estado de reino dos céus e produzem energia saudável.

Jesus se fixou na imensa alegria que sobrevém àquele que antes estava chorando. É como se dissesse que depois da tempestade vem o mais lindo dia de sol. Quando se diz que depois da tempestade vem um lindo dia de sol quer-se fixar a ideia no dia de sol e não na tempestade.

Ele, portanto, estava clarificando a alegria e não o choro.

Diz a Bíblia: "Coloca no Senhor a tua alegria e ele fará o que pedir o teu coração."

A própria morte de Jesus só tem sentido por causa da ressurreição. Jesus não é um Deus morto, mas um Deus ressuscitado.

Alegria, alegria. A vida é uma festa. O reino de Deus é um banquete. O reino dos céus é a felicidade que deve existir na mente de cada criatura humana.

Assim é e assim será.

FIM

ÍNDICE

Capítulo 4

Capítulo 5

Capítulo 6

Capítulo 14